The BCG Management Concepts

BCG
経営コンセプト
市場創造編
イノベーション

内田和成

ボストン コンサルティング グループ 企画／解説

東洋経済新報社

はじめに

　私がボストン コンサルティング グループ（BCG）を卒業して8年ほど経った。その間、世の中も大きく変わり、ビジネスの話題の中心となる企業も、当時はほとんど無名、あるいは、存在すらしなかった電気自動車のテスラモーターズ、宿泊予約サイトのエアビーアンドビー（Airbnb）、さらにはタクシーの配車アプリのウーバー（Uber）などになった。

　こうした中で、BCGの仕事のスタイルも変わったと聞く。以前よりさらに実行に力点を置き、企業を変革するためのフレームワークの提供や、実際の改革のお手伝いなどが中心となってきている、ということだ。

　BCGの進化、そして、最新のコンサルティングサービスの話を聞くのは、アルムナイ（OB）としてはもちろん、ビジネススクールの教授という立場にある者として、純粋に興味があった。そうした中で、BCGジャパン設立50周年の2016年に向けて、最新の経営手法をまとめることについて相談を受けた。「最新」であるから、すべてが資料に落とされているわけではない。クライアントの支援を実際に行なっているコンサルタントたちから、「最新」を取材し、よりシャープにまとめられるようディスカッションと分析を繰り返した。こうしたBCGジャパンの全面協力を受けて、執筆したのが本書である。

　執筆にあたっては、私と同様に、BCGのアルムナイで、現在、早稲田大学ビジネススクール教授の菅野寛氏と分担し、2冊構成とした。「市場創造（イノベーション）編」を私が担当し、菅野氏が企業の組織能力に焦点を当てた「構造改革（イネーブルメント）編」を担当した。

　1963年にアメリカのボストンに誕生して以来、BCGは戦略に特化したコンサルティングファームとして知られ、その初期にはエクスペリアンス・カーブ（経験曲線）、さらにはプロダクト・ポートフォリオ・マネジメント（PPM）などの経

営史に残るコンセプトを開発・発表してきた。その後も時間を競争の武器とした「タイムベース競争」、インターネット時代の競争戦略に一石を投じた「デコンストラクション」など次々と画期的なコンセプトを発表し、実際の企業戦略に大きな影響を与えている。

本書では、その後開発されたBCGの経営手法をアルムナイ、そして、ビジネススクール教授の立場から、解説している。

BCGの経営手法は、冒頭にあげた経営環境、競争環境、あるいはグローバル化の進展の中で変貌を遂げてきている。それは、従来のような直感的にわかりやすい単純なフレームワークから、複雑さを増した企業環境の中で、実際に適用可能である、あるいは、実施して効果が上がるものへと進化していると言える。

少し具体的に説明しよう。激変する企業環境の中で、経営者やマネジメントに近い人々が悩んでいることは次のようなテーマにまつわる問題である。

・グローバル経営
・デジタル化
・イノベーション
・リスクマネジメント
・株主価値向上

成熟した国内にとどまっていては日本企業の未来はない。グローバル経営、特に成長著しい新興国市場を目指すのは自然の成り行きである。中国・インドあるいは東南アジア、アフリカ、中南米といった新興国市場での戦い方は、日本国内市場、そして、多くの日本企業が戦い方をよく知っている欧米市場とも違う。戦い方のヒントとなるのが第1章の「グローバル・アドバンテージ」である。

2つ目は、インターネット時代にベンチャー企業ではない大企業がどう立ち向かうかを語る。言うまでもなく、インターネットやその先にある仮想現実（VR:Virtual Reality）や人工知能（AI:Artificial Intelligence）は既存企業の事業にとって、ビジネスモデルを脅かす破壊的技術（ディスラプティブ・テクノロ

ジー）にほかならない。しかしながら、既存企業はこれらを脅威と捉えるのではなく、逆にビジネスチャンスとして利用するくらいの気概と方法論が必要である。これを解説するのが第2章の「デジタル・ディスラプション」である。

「グローバル」「デジタル」に企業が打ってでるとすれば、企業はイノベーションを考えざるを得ない。たとえば、日本企業が消費者向けエレクトロニクスの画期的な新製品分野で輝きを失ってから久しい。世界を席巻しているのは、アメリカのアップル、韓国のサムスン、中国企業などである。また、新しいビジネスモデルも先にあげたUberやAirbnbのようにシリコンバレー発だったり、台湾のホンハイにおけるEMS（電子機器の受託生産）だったりと海外勢が目立っている。こうした中で日本企業が、新製品開発やビジネスモデル自体のイノベーションを起こしていくための企業変革をどのように進めていけばよいのか。この問題へのヒントとなるのが第3章の「ビジネスモデル・イノベーション」である。

4つ目は、企業が抱えるリスクはますます多岐にわたり、その影響も大きなものになってきている。イギリスのEU離脱や一部の国の通貨危機など、グローバル経済に直接影響を与えるようなものから、北朝鮮やウクライナあるいは紛争地域における政治リスク、テロによる脅威、地球温暖化などの環境問題、さらには東日本大震災や火山活動のような自然災害。一方で、企業における不正の発生、あるいは海外子会社の粉飾、為替変動など、とても書き切れないようなリスクをマネジメントしていかなければならない。そんなときに企業として大事なことは何かを考えるのが第4章の「シナリオプランニング」のアプローチである。

5つ目は、古くて新しい「企業は誰のものか」という議論へのひとつの解となる株主価値の向上を取り扱う。企業価値向上の手法TSR（トータル・シェアホルダー・リターン）を紹介する。ここでは、株価を企業活動の結果として捉えるのではなく、どうしたら株価のもととなる企業価値を向上させることができるのかを考える。カギは、企業価値を決めることになる要因を因数分解して変数として捉え、それをコントロールすることで企業の長期的価値を高めていくということである。

最後に、こうした課題を突きつけられている時代にCEOは企業を導くリーダーとしてどう振る舞い、何をなすべきかを第6章に記述して、全体を締めく

くっている。

　実は、本書はどの章から読んでもよいような完結型になっており、ご自身が関心のある章から読み始めていただいてもかまわない。もちろん、特段緊急の課題がないという場合は、ぜひ第1章から読み始めていただければと思う。

　　2016年10月

　　　　　　　　　　　　　　　　　　　　　　　　　　　　　　内田和成

　　執筆にあたって、BCGのパートナー、プリンシパルから実際のクライアント・ワークについて情報提供を受けた。これはクライアントへの守秘義務に十分に配慮した範囲でのものであることを記しておく。また、事例の業界、状況などは実際とは変えてあることをお断りしておく。

目 次

はじめに 1

第1章
グローバル・アドバンテージ 11
──新興国市場で勝ちパターンを構築、持続する

グローバル化が日本企業にもたらすもの 12
- 「成長の変化」を注視しながら新興国市場を見る 12
- 成長を牽引する中間・富裕層消費者を理解する 13
- Column　BCG CCI（Center for Customer Insight） 17

新興国市場で日本企業が戦う相手はどんな企業か 17
- 日本企業のグローバル化成功を妨げるボトルネック 19

新興国で成功している企業の要諦は何か 21
- ①新興国で勝てるイノベーションのビジネスモデル化 23
- ②ポートフォリオマネジメントの確立 24
- ③グローバルガバナンスの定義 26

どう勝ちパターンを構築していくか 27
- 消費財企業A社の新興国市場ナンバーワン・プロジェクト 28
- 基本戦略策定 29
- Column　"S字カーブの前倒し"現象 32
- バリューチェーンの組み立て 37
- Column　海外で買収した企業のガバナンス 41

第2章
デジタル・ディスラプション
——テクノロジーを経営に取り入れる

47

デジタルが変える経営 …… 48
デジタル・テクノロジーを活用した新事業開発 …… 52
- ——デジタル領域の事業創造に必要な機能　52
- ——デジタル系新事業創造のアプローチ　55
- **Column**　BCGデジタルベンチャーズ　59

事例：新興国の出産を控える親たちの潜在ニーズに応える …… 61

デジタル・トランスフォーメーション …… 64
- ——デジタル・トランスフォーメーションの特徴　64
- ——企業の競争力向上にどう働くか　66
- ——実現に向けて乗り越えるべき課題　67
- ——保険会社B社のデジタル・トランスフォーメーション　70

デジタル・マーケティングの最適化 …… 73
- ——「正しい人に、正しいコンテンツを、正しいタイミングで」訴求する　73
- ——グローバル大手B2C企業のデジタルマーケティング・トランスフォーメーション　76

第3章
ビジネスモデル・イノベーション
——大企業ならではの強みを活かす

87

大企業はビジネスモデルにこそイノベーションが必要だ …… 88
ビジネスモデル・イノベーションの本質を捉える …… 90

大企業の伝統、資産、人材を原動力にするのが成功のカギ……92
- ──ロールスロイス、GE：航空エンジンの販売から「時間貸し」への転換　92
- ── GE：超音波診断装置のリバース・イノベーション　93
- ──ジェットスター：カンタス航空のLCC事業　94

大企業のビジネスモデル・イノベーションがうまくいかない5つの要因……96

事例：大手流通／サービス企業C社……98
- ── C社の状況：現在の延長では成長はない、既存の枠を超える必要が……　99
- ──ターゲット・セグメント／商品・サービスの設計　99
- ──オペレーション・モデルの設計と財務シナリオの策定　104
- ──「場をつくる」　107

大企業におけるビジネスモデル・イノベーションの成功に向けて……107

第4章
シナリオプランニング
──変化適応力を高める
109

シナリオプランニングの今日的な意味：不確実な未来に備える……110

BCGのシナリオプランニングのアプローチ……112
- ──よいシナリオの3条件　112
- ──ステップ1　トレンドの抽出と「ブラインドスポット」の発見　113
- ──ステップ2　未来のイメージの具体化　115
- ──ステップ3　シナリオのストーリー化　116
- ──ステップ4　示唆の抽出と共有　118
- ──シナリオをどのように取り入れるか　119
- **Column**　メガトレンド　121

UNIFE（欧州鉄道産業連合）：起こりうる変化への認識範囲を広げる……124
- ──ワーキング・グループの準備：トレンドの抽出と情景の設定　125
- ──経営幹部によるシナリオ・ワークショップ　127

- ── 4つのシナリオ　130

第5章
TSR
──株主視点からの企業価値向上戦略
135

持続的成長の実現に不可欠な企業価値の視点 ……………………… 136
- ── 多くの日本企業に見られる課題　136
- ── 統合的価値創出戦略で事業戦略、財務戦略、投資家戦略を連携させる　137

統合的価値創出戦略のアプローチ ……………………………………… 139
- ── TSRの枠組み　139
- ── 企業価値創出の構造を理解する　143
- ── 投資家ニーズとのギャップを理解する　147
- ── 企業価値創出戦略を立案する　149
- **Column**　事業価値創出を測る指標　iTSR　155

事例：市場視点による企業構造革新 …………………………………… 164
- ──「市場視点による企業構造革新」プロジェクトの始動　164
- ── 最初の100日：市場視点の分析　167
- ── 3カ月後の2つのアクション　170
- ── 事業ポートフォリオの抜本的見直し　172
- ── 成長へのシフト　174

第6章
CEOアジェンダ
──変革力と実行力のリーダーシップを示す
177

CEOアジェンダは逆算でつくる ………………………………………… 179
破壊と創造による非連続的進化が基本メッセージ ……………………… 180
リスクを評価したうえでリスクテイクする ………………………………… 181

現在から将来への非連続的進化をつなぐシナリオ················182

破壊するもの、創造するものは、
その変化が自らの見えるところに置いておく················183

解　説　185
謝　辞　190

第1章

グローバル・アドバンテージ

―― 新興国市場で勝ちパターンを構築、持続する

グローバル化が日本企業にもたらすもの

◉──「成長の変化」を注視しながら新興国市場を見る

　新興国経済は成長鈍化、地政学リスクの高まり、資源価格下落などの課題に直面しているが、それでも新興国市場のほとんどが先進国を上回るスピードで成長を続けている（図表1–1）。2015年から2030年にかけて新興国市場の人口は、先進国の3倍速に当たる17％の増加が予想される。

　中国とインドでは2020年までの5年間に、たとえGDP成長率が5.5％に低下したとしても、3.9兆ドルの個人消費の増加が見込まれる。これはドイツのGDPに相当する金額である。

　さらに、サブサハラ・アフリカの都市部人口は2015年から2030年の間に70％増と、アジアパシフィック地域の実に2倍、ラテンアメリカの3倍超のペースでの拡大が見込まれる。そして、世界全体の個人消費に占める新興国市場の割合は、2015年の29％から、2020年には33％に上昇すると推計される。新興国市場は、2000年前後に比べれば厳しい環境となり、競争も激化しているが、グローバル展開を推進したい企業にとって、今後も成功に向けた跳躍台であり続ける可能性が高い。

　しかし、多くの新興国市場が急成長から、より安定的な成長へと変化していく中で、新たな収益源を取り込むことは以前より格段に難しくなり、企業は新興国市場へのアプローチを再考する必要がある。

　まず、新興国がすべて成長市場だという見方は通用しなくなり、各国・地域の実情や違いを見極め、注意深く対応を考えていく必要がある。また、すでにそれぞれの市場で足場を築いた有力な多国籍企業やローカル企業が、成長する市場の分け前を得ようと熾烈な戦いを繰り広げている。経済の発展段階や消費者の嗜好、インフラの状況、流通チャネルの進化度合いなどが異なる多様な市場で、細分化した市場・セグメントに応じた、より差別化したアプローチが必要にな

図表1-1　新興国市場は世界平均を上回る成長を続ける

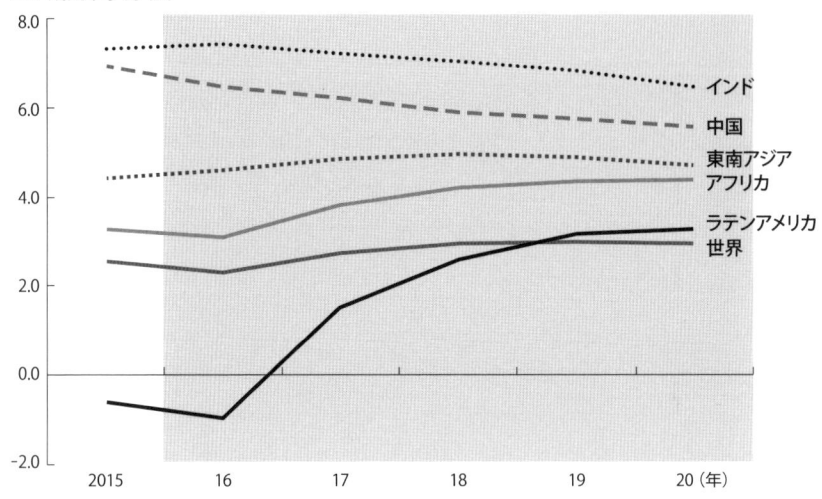

注：実質、2010年ドル価額ベース
出所：Oxford Economics、BCG分析
©2016 The Boston Consulting Group

る。それぞれの市場・セグメントに適応したビジネスモデルを構築し、よりうまく徹底的に「実行」することが求められるのである。一方、持続的に収益をあげるためには、多くの市場モデルのポートフォリオを効果的に管理する必要がある。

●──成長を牽引する中間・富裕層消費者を理解する

多様、かつダイナミックに変化する新興国市場で、市場に適応したビジネスモデルを構築し、うまく実行するには、成長のスピードや成長を牽引する消費者の実像を肌感覚で理解し、今後の変化を読み解く必要がある。

まず、中間層の消費が非連続的に成長する時期の例として、BCG CCI (Center for Customer Insight)（コラム「BCG CCI」参照）が2012年終わりに行なった調査を一部紹介したい。

図表1-2　MAC（マス・アフルーエント・コンシューマー）は非連続な消費の成長の転換点（インドネシアの例）

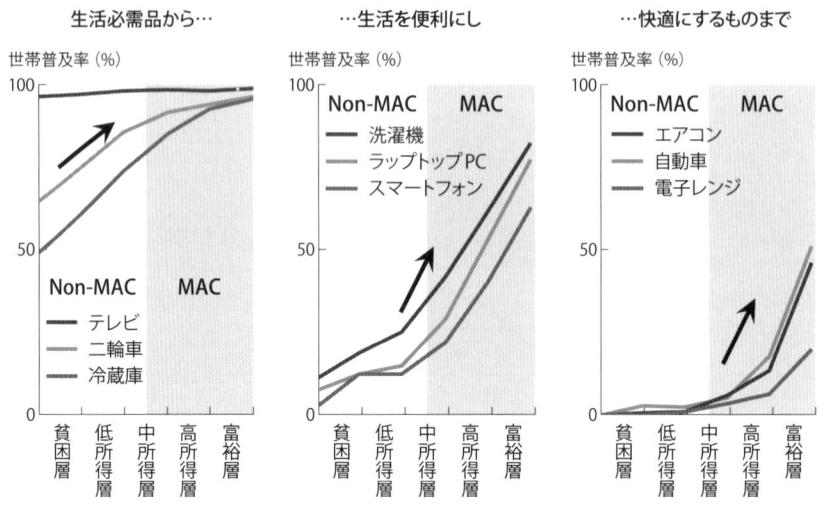

注：サーベイ質問は「あなた、もしくはあなたの家族は以下の製品を持っていますか」、都市部の消費者のみ（N ＝ 3250）
出所：BCGインドネシア消費者調査、2012年10月
©2016 The Boston Consulting Group

　消費の成長がどの段階にあるかは国により異なる。この調査の時点でインドネシアでは、図表1-2に示すように、基本的製品が中間・富裕層にほぼ満遍なく浸透し、利便性や快適性の高い製品の需要が爆発的に増加する非連続な消費成長の途上にあった。同じ調査で、ベトナムは基本的製品の浸透が進み、使用頻度や支出が増加している段階で、ミャンマーではようやく消費が基本的欲求を超えた段階であった。

　経済成長につれて中間・富裕層の人口の爆発的増加に加え、その地理的分布も主要都市から地方へと拡散していく。インドネシア、ベトナム、ミャンマーの例では、図表1-3に示す通り、中間・富裕層の50％を押さえるのに、2012年には70都市への展開が必要だったが、2020年には100都市への展開が必要になると予想される。このように市場が爆発的に成長する段階では、市場のスピードについていける戦略策定と、体制、人材、組織能力、さらにはマネジメント体系

図表1-3　MACは周辺地域に拡散し始めている

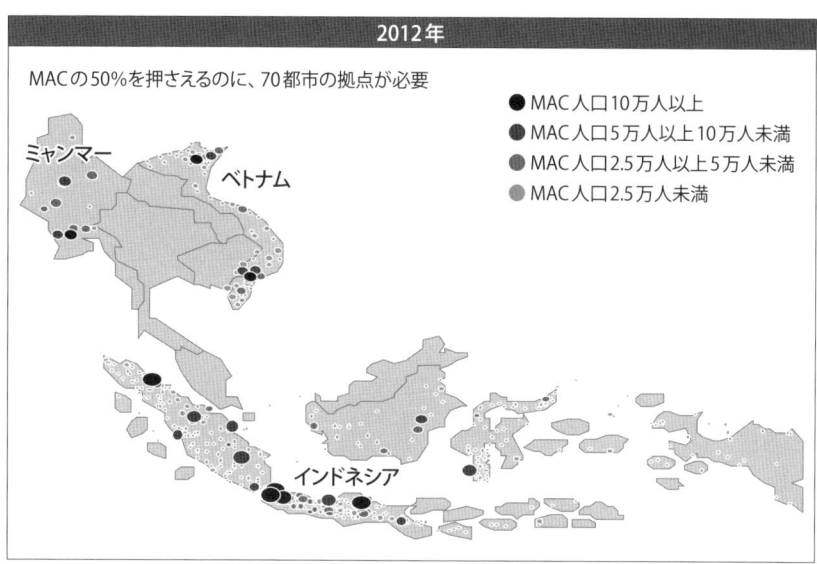

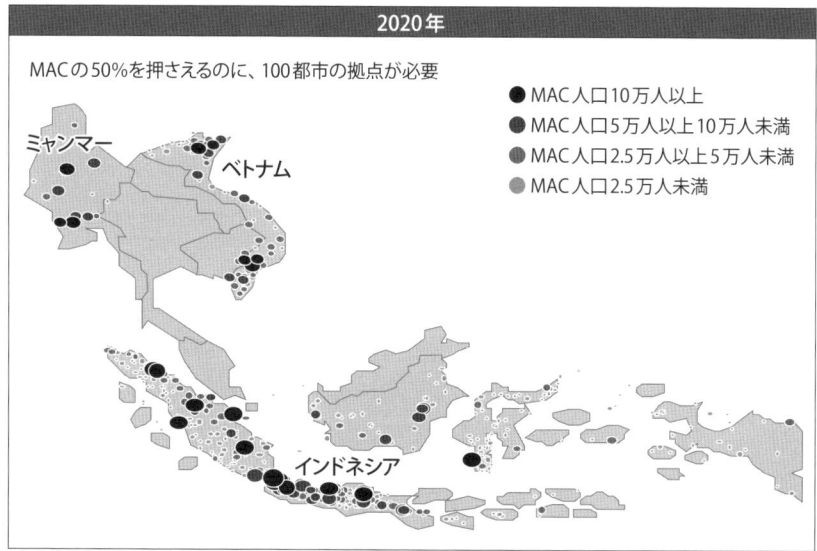

出所：BCG CCIモデル、BCG分析
©2016 The Boston Consulting Group

図表1-4　新興中間層から上位中間層の時代へ（中国）

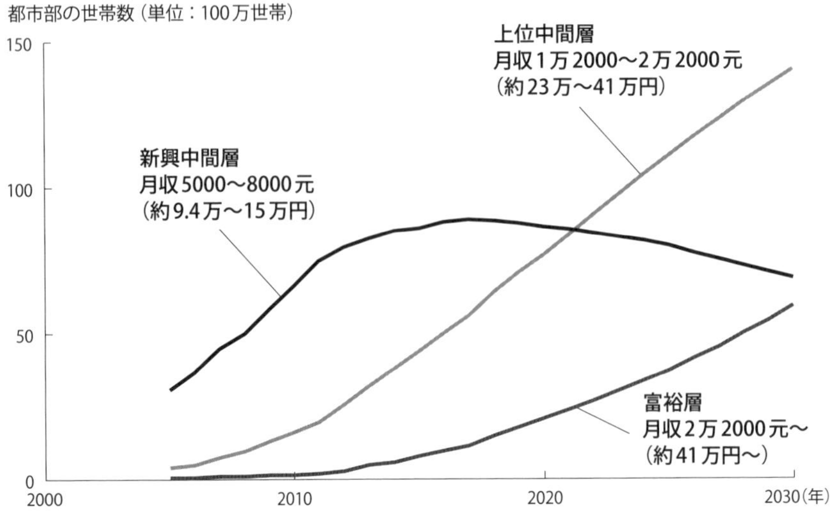

都市部の世帯数（単位：100万世帯）

新興中間層
月収5000～8000元
（約9.4万～15万円）

上位中間層
月収1万2000～2万2000元
（約23万～41万円）

富裕層
月収2万2000元～
（約41万円～）

出所：BCG分析
©2016 The Boston Consulting Group

の構築が求められる。

　一方、最近の中国では、消費の構造にこれらの国々とは異なる大きな変化が見られる。2005～2015年の10年間には新興中間層（月収5000～8000元）が消費をリードしてきたが、この層の人数の伸びが頭打ちになり、もう一段上の上位中間層や富裕層の人数が急速に伸びている（図表1-4）。2020年を過ぎると上位中間層の人数が新興中間層を上回ると見られる。こうした変化にともない、需要も日常の生活を整える基本的商品から、付加価値の高いものや高級品、健康やライフスタイルを向上させるものなどにシフトしている。

　東南アジアの多くの市場はまだ中国の5年前、10年前の水準にあるが、近い将来、経済発展にともない中国と同様のシフトが起こると考えられる。こうした変化は日本企業にとってチャンスと言ってよい。消費者ニーズが低価格の基本的商品からより品質や付加価値の高いものへと移り、それらが一定量売れるようになれば、利益がとれる市場へと育っていくからである。

> **Column**
>
> ## BCG CCI (Center for Customer Insight)
>
> BCG CCI (Center for Customer Insight) は、消費者・顧客行動の背後にあるメカニズムを解き明かし、実効性の高い戦略的意思決定に結びつけるために、新興国、途上国も含めた世界規模の消費者・顧客に関わる研究・調査を行ない、独自のデータベースを構築している。また、消費者・顧客インサイトを導き出すツールも開発している。特に新興国の消費・消費者については信頼できるデータソースがほとんど存在しない中、多くのBCGプロジェクトで、CCIのデータベースやCCIエキスパートのインサイトがフルに活用されている。
>
> CCIのデータベースには、たとえば次のような要素が含まれる。
>
> ・主要新興国の地域・州・都市別、かつ、都市部と地方にブレークダウンされた、所得水準別人口・所得データベース、および、所得階層別人口動態予測
> ・全世界9000人以上をカバーした消費者調査に基づく消費・購買行動データ。20の消費財カテゴリー別の消費パターン、日雑品・耐久消費財・金融商品等の浸透度、チャネル・購買に関する選好と行動様式、などを含む
> ・全世界の消費者心理・行動に関する定期的ベンチマーク調査。経済動向に対する楽観度・信頼感、消費支出の増減意向、ワンランク上・下の消費意向、将来への期待・不安、財務面での安心感、等のデータをカバーし、国際比較や時系列比較が可能

新興国市場で日本企業が戦う相手はどんな企業か

こうした新興国市場では3種類の競合企業がしのぎを削っている。①**グローバル・ジャイアント**（先進国ベースの多国籍企業）、②**グローバル・チャレンジャー**（新興国ベースの多国籍企業）、③**ローカル・ダイナモ**（新興国のローカル企業）、である。

①**グローバル・ジャイアント**

　P&G、ユニリーバ、ネスレ、ジョンソン&ジョンソン、サムスンなど、多数の国・地域に事業展開し、成功をおさめてきた歴史を有する「グローバル・ジャイアント」には、先進国だけでなく新興国でも確固たる地位を築いている企業が多い。資金、人材など豊富な経営資源を有し、世界規模のブランド力や商品開発力を各地の市場で活用しつつ、蓄積された豊富なノウハウにより各市場に適応した戦略を実現している。

②**グローバル・チャレンジャー**

　新興国市場からは、自国ないしは周辺地域内で圧倒的な地位を築き、さらにグローバルに躍進する企業が数多く育っている。BCGでは2006年より継続的に、グローバルに活躍する新興国発の優良企業100社を選び、「グローバル・チャレンジャー」として発表している。グローバル・チャレンジャーは、急成長中の中間層に対応したビジネスモデルや制約の多い新興国市場でのノウハウなど、地元市場での成功を足がかりに、グローバル市場でも存在感を増している。世界的に業界の構図を大きく変えようとしている企業もあり、日本を含む先進国市場でも手強いライバルとなる可能性がある。

　継続してグローバル・チャレンジャーに選出されている企業には、インドのインフォシス、ウィプロ、ブラジルのエンブラエル、中国のハイアール、インドネシアのインドフード、タイのチャロン・ポカパン・フーズ（CPF）など、今では日本でもおなじみになった企業が多く含まれている。

　また、かつてグローバル・チャレンジャーに名を連ね、今ではチャレンジャーを「卒業」して多国籍企業に育った「名誉チャレンジャー企業」としてメキシコのセメックス、UAEのエミレーツ航空、インドのタタ・スティール、タタ・モーターズ、中国のファーウェイ（華為技術）、ジョンソン・エレクトリック、利豊、ブラジルのヴァーレなどがある。

③**ローカル・ダイナモ**

　強力なライバルはグローバル・ジャイアントやグローバル・チャレンジャーだけではない。地元市場に根を張るローカル企業も、非常に手強い競合である。

　BCGでは、国内市場に特化し、グローバル・チャレンジャーより規模は小さいが、強力なポジションを築いている新興国ローカル企業を「ローカル・ダイナ

モ」と呼んでいる。ローカル・ダイナモは、現地の消費者・顧客のニーズを熟知し、政府とも強い関係を築いている。中国のスマートフォン・メーカー、小米（シャオミ）のように、ローカル・ダイナモからグローバル・チャレンジャーに育った企業も出ている。

新興国で戦うためには、このような強力な競合企業の戦略、強み・弱みを十分理解したうえで、自社ならではの強みを基点とした戦略、アプローチを編み出す必要がある。また彼らは、手強いライバルであると同時に、顧客、取引先、パートナーとなる可能性もある。彼らとどう戦うか、あるいは、どう手を組むか。競合環境を客観的に分析し、競合企業から学ぶところは学び、自社が勝てる戦略を十分練り上げる必要がある。

●──日本企業のグローバル化成功を妨げるボトルネック

新興国市場で事業を拡大したいと考えている日本企業は非常に多いが、新興国への展開で成功をおさめていると言える企業は限られる。何がボトルネックになっているのだろうか。

いくつかの理由があると思われるが、BCGが世界の多くの企業を見てきた経験から、2つの要因をあげることができる。

ひとつは、**人材マネジメント**である。まず、リーダー層のコミットメントが不足している。新興国で成功している多国籍企業は、経営陣が自ら多くの時間を新興国に投入している。これに対し、日本企業には「新興国市場を重視」と謳いながらも、上級役員を新興国に配置しようとしない、現地のマネジメント・ポジションの多くを赴任期間の短い日本からの出向者が占める、といったところも少なくない。

日本のある先進企業は、現地で実際に暮らしてみることを通じて消費者の現実の姿や思いに接することを重んじ、ヒトの面でも新興国に多大な投資を持続している。社長自ら、1年のうち100日は海外、そのほとんどを新興国で過ごすと語っている。役員のうち半数以上が海外での勤務・滞在の経験がある。

また、人材の採用・育成についても、一般に欧米企業のほうが日本企業より優

れていると言える。「ガラスの天井」と言われるような、現地社員の昇進には限りがある状況を脱して、ローカル人材にキャリア上のチャンスを提供するとともに、キャリアの可能性が見えるようにすべきである。そして、その市場で自分たちは何を成し遂げたいのか、どういう存在を目指すのか、という理念やビジョンをローカル人材と共有することが根本的に重要である。それができるかできないかが、採用やリテンション（人材の保持）にも大きく影響する。

　もうひとつは、**商品の現地化**に対する考え方が現地市場の**実態に即していない**ことである。一言で言うと、新興国市場では低コスト・低価格が必須だとはいっても、先進国市場の製品よりスペックダウンしたものをグローバルで売るという単純な発想では通用しない。現地の人々が現地でベストと思う商品を、彼らが買いたいと思える価格で届けられるよう、現地（や他の新興国市場）の人材・資源も十分活用して、ゼロベースでビジネスモデルをつくり上げなければならない。

　そのためには主に3つの視点でのイノベーションが求められる。ひとつ目は、それぞれの新興国市場の新たな中間層消費者たちにとっての**アンメット（未充足）ニーズを見つけ出し**、それに対して価格も含めた革新的解決策を提供すること。2つ目は、強力なローカル企業に勝てる**コスト・価値構造をつくり出す**こと。現地調達、現地人材の活用はもちろん必要だが、それだけでは勝てない。ローカル企業に真似のできない独自の組み立て方で、グローバル、あるいは、地域ベースの規模を効かせつつ、現地市場に合わせたカスタマイズを行なうと同時に、コスト優位性を生み出していくことが重要だ。3つ目は、ローカル企業に**圧倒的に劣るリーチをどう克服するか**だ。流通構造やその進化の度合いは市場により異なるが、多くの分散した店舗をどう押さえるか。大・中規模都市にとどまらず、全土に散らばる店舗を押さえられる卸・代理店の選定と活用、流通構造の進化度合いに応じたチャネルのつくり方、流通を支えるサプライチェーンの構築、等々、営業・流通面のイノベーションを仕掛け、属人的な努力を超えて仕組み化していく必要がある。これについては後で詳しく説明する。

トヨタ自動車のIMV

　トヨタ自動車が2004年より市場投入した新興国向け戦略車「IMV」は、こう

したイノベーションの代表例としてよく知られている。IMVは"Innovative International Multi-purpose Vehicle"の略で、革新的で国際的な多目的車を意味する。道路などのインフラ整備が不十分な新興国市場の環境や現地の人々の車の使い方に照準を合わせて専用モデルを開発した。車台を共通化し、ピックアップトラック3車種、ミニバン、スポーツ・ユーティリティ・ビークル（SUV）の計5車種で構成。自由貿易協定（FTA）にも適応して、部品調達から生産、物流まで現地化した。国際分業生産などにより低コスト、高効率を実現しつつ、それぞれの市場のニーズに適した車を生産・供給できる体制をつくり上げた。

ユニ・チャームの「1枚入り」紙おむつ

ユニ・チャームが2007年にインドネシアで低価格帯の紙おむつを発売したときのアプローチも、こうしたイノベーションの好例である。同社は当時、インドネシアで高付加価値品を主軸に3分の1程度の市場シェアを有する首位企業だったが、新たに中間層入りする消費者層に照準を合わせた製品・市場アプローチで一気にシェアを拡大、2015年時点のシェアは6割を超えている。低価格帯商品を投入した当時、まだ普及率が低かったインドネシアでは、外出時や夜間就寝時といった特別な場合にだけ紙おむつを使用する家庭が多かった。同社はここに着目し、特定のニーズを過不足なく満たすよう製品を再設計して買いやすい価格を実現するとともに、「1枚入り」のパッケージを開発した。庶民が買い物をする「ワルン」と呼ばれる小さな雑貨店を、現地の卸企業と連携して1店1店開拓。1枚入りパッケージを数珠つなぎにして店頭につり下げるなど、現地の消費者に新たな商品を訴求するマーケティングを展開した。

新興国で成功している企業の要諦は何か

新興国で成功をおさめるには、自社ならではの成功への道筋を描き、具体的な施策を立案し、確実かつ徹底的に実行していかなければならない。

新興国で成功している日本企業を見ると、10年単位の長期戦略シナリオをも

図表1-5　グローバルビジョン達成に向けたアジェンダ

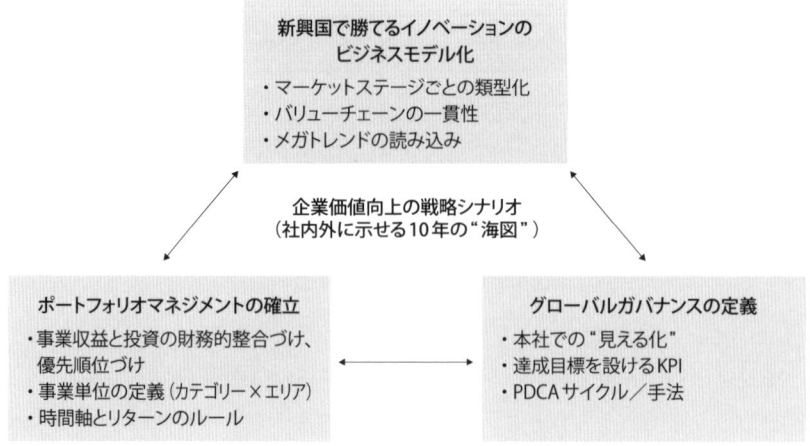

©2016 The Boston Consulting Group

とに展開している場合が多い。日本企業が現地で独自のポジションを構築し、利益をあげて成長していくには、2〜3年の中期計画での勝負は難しい。経営資源を最適化しつつ拡大し、企業価値向上を実現できる10年の「海図」を社内外に示す必要がある。

　10年先を見通して、新興国市場進出のビジョンを構築するに当たっては、以下の3つの課題をセットにして考える必要がある（図表1-5）。

①新興国で勝てるイノベーションのビジネスモデル化
②ポートフォリオマネジメントの確立
③グローバルガバナンスの定義

　どれひとつとっても簡単ではないが、これら3つをセットにして戦略を組み立てていかないと、新興国市場での利益をともなう成長は実現できない。

●──①新興国で勝てるイノベーションのビジネスモデル化

　まず、自社固有の勝ちパターンや強みを基軸にして、グローバルで勝ち抜いていくためのイノベーションをつくり出し、それを新たなビジネスモデルへと組み立てていかねばならない。たとえその企業が日本国内ではナンバーワンのポジションであっても、新興国では条件や環境がまったく異なる。まず、消費財でも産業財でも、潜在市場を取り込むためには低コスト、低価格を実現することが必須である。また、消費者向け事業であれば、流通はトラディショナル・トレード（家族・個人経営の小規模店舗）が中心で物流も未熟な新興国では、モダン・トレード（スーパーマーケット、コンビニエンスストアなどのチェーンオペレーション）が発達した先進国市場とはまったく異なるアプローチが必要となる。自社の強みは何かを明確にしたうえで、それを市場に適合し、将来的なメガトレンドにも合致したビジネスモデルに組み立て直していくことが求められる。

　日本企業が新興国に出ていく場合、すでにその地で事業展開している強力なグローバル・ジャイアント、グローバル・チャレンジャー、ローカル・ダイナモが存在する。日本国内で優良企業であっても、資金、人材などの経営資源や現地でのノウハウでは大きなギャップがある場合が多い。その市場で自社は何を基軸に勝ち抜いていくのかを根底から考え直さなければならない。

　さらに「中間層」と言っても、国や地域により好みや消費パターンは著しく異なる。たとえば中国は、文化、民族性、消費行動が実に多様で、単一市場ではなく、むしろ多くの異なる市場のパッチワークのようなヨーロッパに似ていると言われる。

　あらゆる面から新興国市場の条件や環境を考慮して、国・地域のマーケットステージごとに類型化し、それぞれの類型に合致した勝ちパターンをモデル化しなければならない。モデル化することで、属人的要素を超えて組織能力を構築・持続していくことができ、他の新興国市場への横展開も可能になる。こうしたモデルはひとつでよい場合もあるが、市場のパターンによって２つ以上のモデルを準備しなければならないこともある。いくつの類型が必要かはケースバイケースだが、マネジメントできる範囲で必要な数のモデルを構築することが求められる。

　どうやって新興国で勝てるイノベーションをビジネスモデルとして構築してい

くかについては、後で詳しく説明する。

●──②ポートフォリオマネジメントの確立

　新たなビジネスモデルを構築して、新興国市場に出ていくときに注意しなければならないのは、投資とリターンのタイミングが合わなくなることである。日本国内での投資であれば、一定の時間軸の中でリターンが見込めるので過度の財務的負担にはならない場合が多いが、新興国に展開すると、投資とリターンのタイミングは約束されておらず、非常に読みにくい。戦線を広げていけばいくほど投資とリターンのタイミングのつじつまが合わなくなり、財務負担が過大となる危険性が高まる。

　猛スピードで前進する新興国市場の成長をチャンスとして取り込むためには、自社の事業の成長スピードも相応に加速させていかなければならない。それぞれのビジネスモデルやブランドを同時に管理しなければならず、複数の地域を同時に押さえたり、どこかに重点的投資をしたりすることを決断しなければならない局面もある。こうした展開地域の拡大や重点投資を、全社的視点からの財務的な裏づけなしに次々と実施していけば、戦線ばかりが広がって、気がついたらとんでもない額のお金が垂れ流されていたという事態に陥る。結果、財務的に崩れ、撤退を余儀なくされるというパターンだ。

　「投資をすればするほど、損失が増し、株主価値が失われていき、懸命に働いても業績好転の兆しがいっこうに見えてこない」。このような状況を、BCGでは「Value Trap（投資のワナ）」と呼んでいる（図表1-6）。多くの多国籍企業がこの投資のワナにはまっている。

　こうした事態を避けるには、どれくらいの期間でどれくらいの投資が必要かという投資計画や、それを踏まえたうえで次にどこの国にどのタイミングで出ていくかの見通しを、財務戦略とどう結びつけるかが重要である。投資とリターン、リスクのレベル、展開タイミング、優先順位などを精査し、資産を自ら保有するのか、他力を借りながら身軽な資産でやっていくのか、といったことも含めて、財務戦略のモデルを組み立てることが求められる。投資戦略と財務戦略をしっかり結びつけ、投資の時間軸とリターンのルールを明確にした事業ポートフォリオ

図表1-6　「投資のワナ」からの脱却

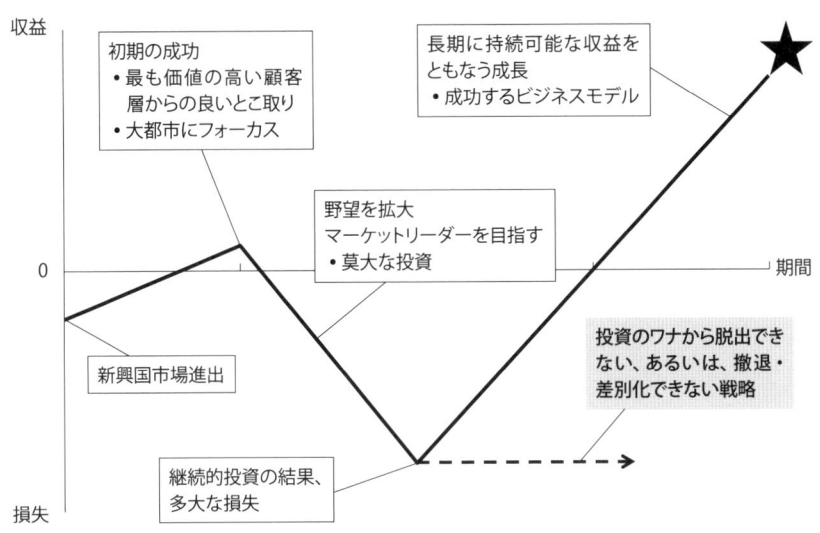

©2016 The Boston Consulting Group

マネジメントを確立することがきわめて重要である。

　グローバル事業のポートフォリオは、主に3つの切り口で見ていく必要がある。ひとつ目は、エリア・ポートフォリオ、すなわち地理的エリア間のメリハリである。2つ目は、市場ごとの所得段階の違いに応じて、どんな商品群が適合するか、という組み合わせである。「所得水準×商品」のポートフォリオを備えておき、どこの市場にどの商品が適合するかを見て投入していく。たとえば調味料メーカーであれば、所得の低い段階ではワンコインで買える「味の素」のような基礎的調味料、もう少し所得が上がったら「ほんだし」「だしの素」のような風味調味料（味の素がインドネシアで高シェアを握る「マサコ」は代表例）、さらに現在のタイくらいの水準になれば「CookDo」のような合わせ調味料を投入する、といった具合だ。3つ目は、投資する市場と、キャッシュを回収する市場、すなわち、収益をとって儲ける市場の組み立て方である。

◉──③グローバルガバナンスの定義

　新興国市場での事業展開では、複数の国でのマネジメントが必要となるため、マネジメントの複雑性が増大し、マネジメントに必要な関数が幾何級数的に増えていく。マーケティングでもチャネル・マネジメントでも、また商品そのものにおいても、進出先の国や地域に応じて、いくつもの類型化したモデルを運営しなければならない。勝利をもたらすためには、各市場に応じたローカライズと、自社の強みに根差した勝ちパターンの徹底の両方を、最適なバランスで実現する必要がある。

　こうした複雑性を"見える化"して個々の市場をうまく運営していくためには、市場ごとに最適な目標とKPI(重要業績評価指標)を設定して運用していく仕組みをきっちりつくっていかなければならない。一方、事業や地域を超えた最適な経営資源配分・蓄積を実現できる本部機能をつくり上げることも必要となる。

　複雑性に飲み込まれてまったく何も見えなくなり、お金だけが流出していったなどということにならないように、グローバル展開の進展に応じてグローバルでのガバナンスを見直し、再定義することが必要となるのである。

　効果的なグローバルガバナンスの基本となのが、ローカルの現場で意思決定できるような仕組みをつくることである。そのために検討すべき重要な要素として次のようなものがあげられる。

- **ローカルとグローバルの機能配置の最適化**。人材の配置まで含めて、どこにどんな機能・権限を置くのかを、経営の実情に合うよう十分検討する
- **エリアBU(ビジネスユニット)の単位の設計**。執行の基本的責任・権限の単位としてのエリアBUをどう設計するか
- **P／L、B／Sに対する責任のもち方**。すなわち、事業、エリア、機能のマトリクスの中で、収益や投資に対する責任・権限をどこでどうもつのか
- **IT基盤、業務プロセスの共通化**。これらに応じてKPIも共通化することで、エリア間でのベンチマークを可能にする
- **計画策定、モニタリングのサイクル**をどのように設計するか
- **M&Aをした企業、合弁事業(JV)のガバナンス**は、自社固有の組織のガバ

ナンスとは異なる。どう定義すれば有効に機能するのか、とことん検討する必要がある

　もうひとつ重要なのが、リスクを見える化できる仕組み・インフラを構築することである。ローカルの現場での意思決定を支える仕組みと、リスクマネジメントの仕組み・インフラの２つがきちんと機能することで、本社とローカルの前線との間に信頼が生まれ、思いがけないリスクを最小化することができる。新興国市場は不安定でいろいろなことが起こる。予想外の事態に直面したとき、本社とローカルの間に信頼がなければ、お互いに現実の姿を把握しきれず、かみ合った議論をすることは難しい。この２つのガバナンスの仕組みが機能していれば、疑心暗鬼に陥ることなく本質的、戦略的な議論に集中することができる。それが迅速な意思決定や、迅速かつ徹底的な実行につながる。これは変化が激しく予測が難しい新興国市場にあって非常に重要な組織能力である。

どう勝ちパターンを構築していくか

　次に、前述の「新興国で勝てるイノベーションのビジネスモデル化」をどのように進めていくか、について説明していきたい。
　これをシンプルに整理すると、次の２つのステップに分けられる。

①**基本戦略策定**
- **ビジョン、戦略シナリオ**：どの事業領域、どの国・地域で、どういうポジション／シェアを占める企業を目指すのか（国・地域×商品カテゴリー×価格帯、世界シェアXX％）
- **バリュープロポジション（価値提案）**：市場の変化に対応してターゲットをどのように再定義するのか（例：富裕層から中間層へのシフト）。新たなターゲット層の、所得・生活水準の向上にともなう新たな用途や利用シーンに対して、どんな価値提案ができるのか

②**バリューチェーンの組み立て**：自社の強みの源泉は何か。どんなビジネスモデルで目指すバリュープロポジションとポジショニングを実現するのか。そのビジネスモデルを構築するには、どのようなバリューチェーンの組み立てが必要か

以下、事例を交えて少し詳しく説明していきたい。

●── 消費財企業Ａ社の新興国市場ナンバーワン・プロジェクト

アジアを中心に海外展開を進めていた消費財企業Ａ社は、国内市場の成熟化は明らかであり、次の10年、20年の成長を考えるには海外事業、特に新興国での事業を大きく拡大する必要があると認識し、社長の強いリーダーシップの下、「10年後に新興国市場でナンバーワンになる」という長期ビジョンを掲げた。

しかし、BCGの支援で現状を精査すると、今までの認識とは異なる次のような実態が明らかになり、経営陣は愕然とした。

・Ａ社が注力してきたアジア新興国市場での売上げは成長していたものの、市場シェアはどこの国でも上昇しておらず、中には落ちている国もあった
・Ａ社が従来、主に新興国富裕層向け市場で勝利をおさめてきたのに対し、量・質ともに急激に成長している中間層向け市場にローカル企業が食い込み、シェアを伸ばしていた
・Ａ社は新興国大都市で強力なポジションを占めていたが、地方の中小都市や農村部でローカル企業が勢力を大きく広げていた
・進出している新興国市場においてＡ社の売上げは成長を続けているものの、現状の成長スピードでは市場の成長スピードにかなわず、数年後には、グローバルではグローバル・ジャイアントにシェアで大きく水をあけられ、国ごとに見ればローカル・ダイナモに追いつかれる事態が予想された

そこでＡ社では、前述のビジョンを実現するためのプロジェクトを立ち上げ、ひき続きBCGがお手伝いすることになった。推進部隊としてＡ社の関係各部門のメンバーとBCGの共同チームが編成された。関係部門の現場の知見や感覚を

多く取り入れるとともに、確実な実行につなげることを狙ってメンバーが選出された。

BCGサイドでは、まず市場の全体像や方向性を把握するための調査・分析を行なった。A社から提供してもらった市場やA社業績に関するデータの分析、外部およびBCGグローバルのデータ・文献を使った調査・分析、業界エキスパートへのインタビュー、BCGグローバルのエキスパートとの議論などを通じて市場を客観的に分析し、仮説を立てていった。そして、この結果をもとにA社メンバーとディスカッションを重ねた。A社メンバーには、セグメンテーションや市場の進化についての仮説のヒントとなる意見・アイデアを出してもらった。

新興国市場では、データが存在しない、存在しても古い、信頼できない、あるいは、ごく粗いくくりでしかデータがとれない、という場合が多い。そこで、市場予測やセグメンテーションには、前述のBCG CCIによる人口動態・所得データベースや消費者調査を多く利用した。データベースでカバーされない部分は、CCIエキスパートの手も借りて追加調査や消費者インタビューを行なった。また、BCGがグローバルベースで追跡調査を続けているメガトレンド・データベース（121ページのコラム「メガトレンド」を参照）も活用した。

では、プロジェクトをどのように進めていったかを見てみよう。

◉──基本戦略策定

グローバル展開の基本方針について、多くの企業で共通して耳にする悩みがいくつかある。たとえば次のようなものである。

- グローバル・プロダクトを軸に展開するのか。個々の市場に応じて現地に最適化した製品を展開するのか
- 国内の勝ちパターンを移植した単一モデルで展開していくのか。市場に合わせて複数のモデルを併用していくのか
- 特定の国々にフォーカスするのか。新規市場も含めて広範な地域を押さえるのか
- 自前で展開するのか。M&Aやアライアンスも積極的に活用していくのか

・本社主導のガバナンスを効かせていくのか。各国の自由裁量を最大限活かしていくのか
・国内と海外にリソースをどう配分していくのか

　これらの基本方針が勝ちパターンの定義と密接に結びついていくため、戦略策定の前提として明らかにしておく必要がある。
　A社でも、これらの問いに対して長年、社内での意思統一ができずに揺れてきたという経緯があった。そこで、今回はこれらの問いにきっちり答えを出そうと、徹底した議論が行なわれた。複数のオプションや可能性があるものに対しては論点を整理し、経済性、自社の組織能力・強みと照らした実現可能性などを検討して方向性を決めていった。
　2つ目の複数モデルでは、国ごとに違うモデルという場合もあれば、ある特性でくくった数種類のモデルを活用する場合もある。複数のモデルをつくって対応するには、相応のリソースが必要となるため、社内のリソースが足りない企業はとてもマネジメントしきれない。一方、単一モデルの場合、そのモデルが成功した国だけでしか知見が溜まらず、限られた国にしか勝ちパターンを移植できない。競争相手、競争環境を考慮して、自社のモデルでカバーできるところはどこなのかという考察が必要だ。
　A社の場合、新興国の中でも特にフォーカスするアジアの国々では、日本での勝ちパターンをそのまま移植しても勝てないことはわかっていた。しかし、国ごとに異なるモデルを構築するほどのリソースは持ち合わせていない。そこで、これらの国向けに複数の基本モデルを一から組み立てることとした。また、M&Aやアライアンスに対しては、バリューチェーン構築に必要な組織能力を短期間に獲得するうえで、リスクを考慮してもゼロから自前で構築するより有効と考えられる場合は、従来より積極的に検討していくことにした。

地域の優先順位を検討する

　基本的方向性を定めたら、次に、自社のどの「事業領域・商品カテゴリー」において、どの「国・地域」で、どういった「競争ポジション」を目指すのかを定義する必要がある。

それぞれの国・地域にはさまざまな特徴があり、中長期的な市場のポテンシャルや発展のスピードも異なる。財務面や人的リソースの制約もあり、一度に多くの国・地域を猛スピードで攻略するのは現実的にほぼ不可能なため、どの国・地域に、どういう優先順位で進出するかという判断がきわめて重要である。

　BCGの経験から、流通、小売を通じて販売する消費財においては、同じ売上げを獲得するのにも、多くのばらばらな国・地域で、そこそこのシェアで売上げをとるよりも、絞り込んだ国・地域で圧倒的ナンバーワンのポジションを確保するほうが、収益性が断然高くなる傾向があることがわかっていた。これは、複数の国で事業展開する場合、チャネル・マネジメントやブランディングのためのコストが国ごとにかかり、多くの国に分散すると相当高くついてしまうからではないかと考えられる。

　たとえば、テレビ広告を打つにしろネット広告を配信するにしろ、その国ごとに異なる言語で、異なる文化に配慮しながら個別に広告を制作しなければならない。チャネル・マネジメントも、国ごとに異なる流通構造に適応した施策を講じなければならない。

　A社でも収益性モデルを組んで試算したところ、たとえばアジア全体で同じ売上高をあげるにしても、少数の国に集中して高シェアをあげるパターンのほうが収益性が大幅に高くなることがわかった。その閾値は市場シェア20％で、これが獲得できれば、次のエリアに投資できる十分なキャッシュが得られる。それを回していくことで財務バランスも健全に保てることも判明した。

　A社は、このような傾向を踏まえて、第一にA社が勝ちやすい市場、加えて成長余地が大きいところ、という基準で優先順位を判断していった。

　まず、主要新興国について10年後という時間軸で、主に対象人口と対象商品カテゴリーのセグメント別普及度合いを分析した。ここでの重要なポイントは、顕在化している市場規模に基づいた予測に加えて、メガトレンドにより起こりうるシナリオを織り込んだ潜在的規模を推計していくことである。市場構造が大きく変わる変曲点と、それを引き起こす要因に着目して、市場の成長スピードに適応した戦略を構築することが肝要である（コラム「"S字カーブの前倒し"現象」参照）。

　次に、市場規模予測と現在の規模の差のうち、どれくらい自社が攻略できる余

地があるかを考える。主に他メーカーとの競合状況と、流通チャネルの進化の度合いを分析して、自社の成長の可能性を客観的に評価していく。競合状況では、前述のようにグローバル・ジャイアントやグローバル・チャレンジャー、ローカル・ダイナモが大きなシェアを握っている市場で成長していくには困難が予想される。流通チャネルでは、モダン・トレードが浸透しているのか、あるいは、トラディショナル・トレードが大きな割合を占めているのか、が大きなポイントである。モダン・トレードが発展し、寡占化が進んでいれば、上位小売企業が大きなコントロール力をもつ。一方、トラディショナル・トレードが大部分を占める市場であれば、国土全体に分散する非常に多くの店舗へのアプローチは容易ではないものの、メーカーが営業戦略によりチャネルに影響力を及ぼせる可能性がある。

さらに、低価格ゾーンで取り込んだ消費者層が、10年後にどの価格ゾーンまで上昇していき、どれくらいの市場規模になっているかを分析して、将来の成長余地を見極めた。

こうした需要面の分析に加えて、自社が製造、流通を含むバリューチェーン全体を構築し、コントロールできる可能性も評価した。自社にどんな基盤があるのか、あるいは何が欠けているのか。生産、R&D、マーケティング、市場調査、営業、人事、調達、物流といった各機能の強みと弱み、また顧客リレーション基盤、取引先などのアセットのそれぞれについて検討した。

A社ではこれらの分析をもとに、それぞれの市場がどのタイミングでどういう状態になるかを予測したうえで、どんな戦略を組むか、喧々諤々(けんけんがくがく)の議論を行なった。この議論を通じて、従来の数倍のペースで自社の成長を実現しなければならないという認識が、メンバー間で共有されるようになった。

Column
"S字カーブの前倒し"現象

新興国市場で波に乗るには、普及率が急速に上昇し市場が立ち上がるタイミングを捉えることが必須である。市場が十分に立ち上がってから参入したのでは遅いし、かといって立ち上がる前に参入すると時期尚早で、投資に見合うリ

ターンが得られない。

　新興国に限らず一般に、ある国・地域の1世帯当たり所得の水準と消費者向け商品・サービスの市場浸透率をプロットすると、ゆるやかなS字カーブが描ける。1人当たりGDPがこれくらいになると市場が立ち上がり、所得の伸びとともに急成長し普及していき、これくらいになると成熟期を迎える、というように、各国の経済状況と消費財の普及率の推移は一定の傾向を示す。

　しかし、新興国市場の戦略立案においては特に着目すべきポイントがある。BCGがいくつかの顧客のプロジェクトを通じて発見した「S字カーブの前倒し」という現象である。さまざまな商品において新興国では、先進国より経済発展の比較的早い段階で普及し、市場の立ち上がりが従来の一般的なパターンよりも早くなる傾向があることがわかったのである。図表1-7、1-8はインド、タイ、インドネシアにおける冷蔵庫とエアコンの普及曲線を日本と比べたものだが、こうしたパターンが見られる。

　このS字カーブの前倒しにより、伝統的なS字カーブを前提に市場予測をすると、参入のタイミングを見誤る危険性がある。前倒しされたS字カーブで

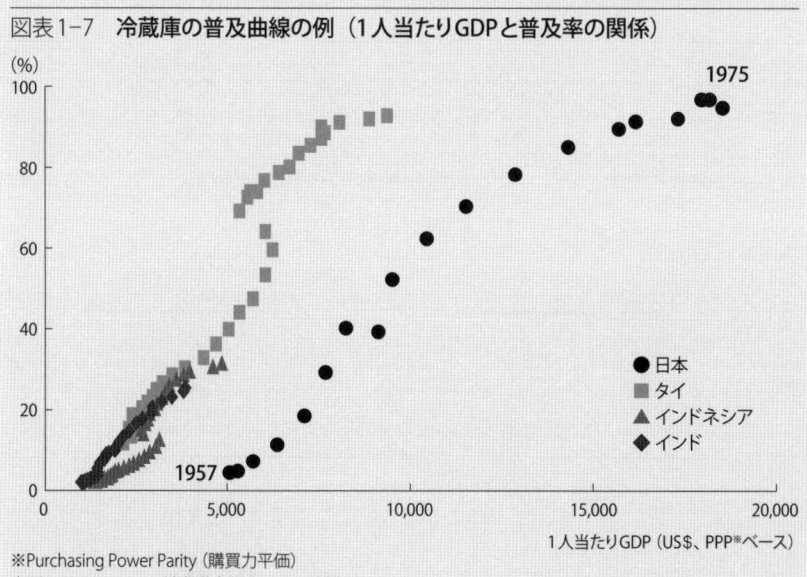

図表1-7　冷蔵庫の普及曲線の例（1人当たりGDPと普及率の関係）

※Purchasing Power Parity（購買力平価）
出所：Euromonitor、消費動向調査、BCG分析
©2016 The Boston Consulting Group

図表1-8　エアコンの普及曲線の例（1人当たりGDPと普及率の関係）

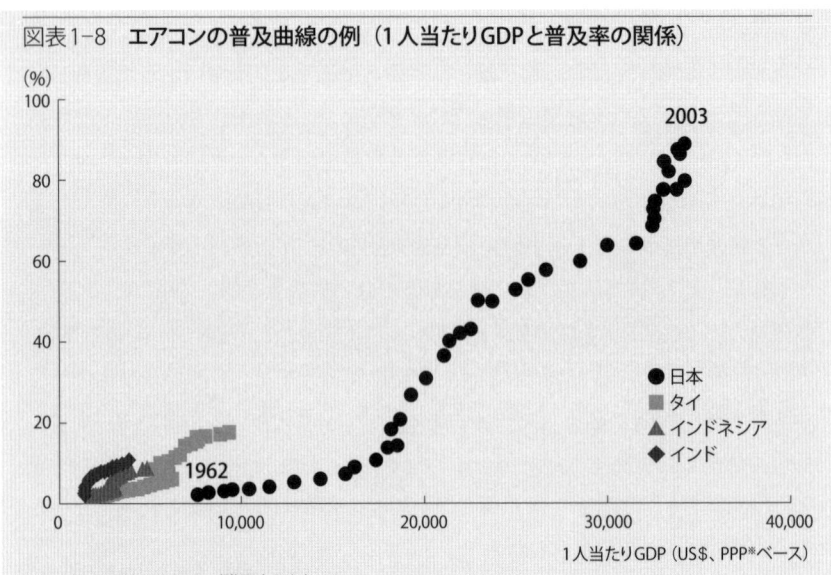

（グラフ：縦軸 普及率(%) 0-100、横軸 1人当たりGDP (US$、PPP*ベース) 0-40,000。日本（●）は1962年から2003年にかけてS字カーブを描き、タイ（■）、インドネシア（▲）、インド（◆）は低GDP帯に分布）

※Purchasing Power Parity（購買力平価）
出所：Euromonitor、消費動向調査、BCG分析
©2016 The Boston Consulting Group

は、参入に適するタイミングが早まるとともに、勝敗を決するまでの期間も短くなる。低価格を実現できる商品やサプライチェーン・マネジメント（SCM）のイノベーション、未成熟な市場で自ら市場を創造するためのチャネル・アプローチとマーケティング手法、市場の進化ステージに応じた複数モデルの展開など、この新たなＳ字カーブの波に乗る戦略の構築が不可欠となる。

　こうしたＳ字カーブの前倒しが起きているのはなぜだろう。大きく２つの理由が考えられる。

　最も大きな要因と考えられるのは、メーカーの企業努力により、従来より劇的に低いコストで商品を消費者に届けられるようになったことである。技術・製造プロセスのイノベーション、ネット化・デジタル化などのテクノロジー革新、対象市場で購入可能な価格に照準を定めた商品開発などによるところが大きい。

　もうひとつはマーケティング面の企業努力によるもので、P&Gやユニリーバなど大手多国籍企業が積極的に行なっているソーシャルマーケティングに近い活動である。たとえば、現地の学校での教育の一環として、新しい商品を無償

で配り、その効用や使い方を説明するといった啓蒙活動が行なわれている。あるいは、地元の人が知人や近所の人たちに説明をしながらこつこつと売って歩くといった、地元に密着した草の根的活動も行なわれている。

未成熟な市場で勝者となるには、このようなコスト革新や独創的なマーケティング手法の開発により自ら市場を創造し、S字カーブの前倒しを引き起こしていくことも重要である。

市場環境に適合した目標を設定する

A社では、ここまで述べてきたような検討を進めた結果、新興国市場を以下の4つに仕分けした。

a. 先行投資先
b. キャッシュ創出先
c. 提携・M&A機会模索先（他力活用先）
d. 非注力先

勝負するのはaとbの地域となる。次に考えなければならないのは、ここに含まれるそれぞれの国・地域で向こう10年でどこまでシェアを伸ばすか、という目標設定である。

A社は、前述のように新興国市場での売上げは相当伸びていたものの新興国各国でのシェアは上昇せず、国によっては落ちているところもあった。市場の猛スピードの成長に追いつけていなかったのだ。

この背景には、日本企業に多く見られる認識ギャップが潜んでいる。日本企業にとって、低成長の国内事業を考えたとき、10％成長の事業計画をつくるとなると相当背伸びをした成長計画となる。ところが、急成長中の新興市場で事業をしている現地スタッフからすれば、50％成長の事業計画でさえ市場の伸びについていくのがやっとという認識だ。市場が50％伸びているところで50％成長の計画を実行したとして、市場並み。計画を実行に移している間に市場の伸びがさらに加速すれば、その計画では市場の伸びよりも低くなり、結果、シェアを落とすことになる。それが繰り返されると、海外事業は伸びを続けているが、気がつく

と市場の成長に追いつけずシェアを落とし、実はポジションを下げていたというようなことが起こってしまう。本社の役員・スタッフもこういう急成長市場の感覚を共有し、頭を切り替える必要がある。

　A社では、さまざまな議論や分析の結果、新興国市場でのS字カーブの前倒し現象や現地の圧倒的なスピード感を理解するに至り、この状況を打破するには、従来とはまったく異なる次元の戦略が必要だ、という認識を経営陣および関係スタッフが共有するようになった。

　そこで、「新興国市場ナンバーワン」という長期ビジョンを達成できる水準に、10年後および20年後の市場シェアの目標値を設定した。そして、各地域でどのようにシェアを拡大すれば、この水準が達成できるかを、社内で徹底的に議論し詰めていった（このシェア目標は非常に意欲的な数値ではあったが、後述する戦略を策定した後に検証してみると、戦略を確実に実行すれば達成可能な水準であることがわかった）。そして、これをブレークダウンして、前述のaとbの地域のシェア目標を設定した。

バリュープロポジションを定義する

　プロジェクト開始時点でA社は、特にアジアでは多くの新興国で富裕層市場で強力なポジションを占めていたが、そちらに目を奪われているうちに、各国で中間層市場が爆発的なスピードで成長していた。それらの市場ではグローバル・ジャイアントやローカル・ダイナモがプレゼンスを強めていた。

　「10年後に新興国市場ナンバーワン」を実現するためには、まず、ターゲット顧客をどこにするかを再設計し、既存の商品・アプローチでは満たされていない、彼らのニーズに応えることで新市場を開拓する必要があった。

　さらに、前述の中国における新興中間層から上位中間層・富裕層へのシフトと同様の動きが、東南アジアなどでも5年後、10年後に起こると考えられる。そうなれば消費をリードする層のライフスタイルも変わり、求められる商品も付加価値の高いものへと移っていくはずだ。こうしたダイナミズムを理解して、市場ごとに向こう10年間に主ターゲット層がどう変わるか、その層にとって重要な切り口になるのは何か、などを考え、バリュープロポジションを組み立てていく必要がある。

●──バリューチェーンの組み立て

　進出する地域と目標とすべきポジショニング（シェア）、バリュープロポジションが定義されたら、次に以下のようなことを検討していく。

・どういう勝ちパターンでそのポジショニングを達成していくのか
・どんなバリューチェーン要素により構成されたモデルで、それを実現するのか
・勝ちパターンを成立させるための競争優位性の源泉は何か
・それは、どのような独自の技術や能力、仕組みにより支えられているのか

　新興国市場で成功するためには、最終的に消費者に対して低コストで商品を届けることが必要不可欠である。単価がきわめて低い商品を投入できるかどうかで、潜在市場がどこまで大きくなるかが決まる。今までのA社は、グローバル・ジャイアントがS字カーブの前倒しを実現した後の市場で本格展開することが多かった。グローバルでトップクラスに食い込むためには、自社の力でS字カーブの前倒しを行ない、自らマーケットをつくっていかなければならない。
　しかも新興国の消費者は「バリュー・フォー・マネー（価格に見合った価値）」をきわめて重視する。これに対応するには、先端的な高付加価値のイノベーションと、低コストを実現するイノベーションの2つを同時に追求しなければならない。
　A社では、こうした必須条件と自社の強みを鑑み、**①商品のローカライズの革新、②マーケティングの革新、③チャネル・マネジメントの革新、④SCM（生産、物流）の革新**、この4つのトータルで優位性を築くという戦略を考えていった。この4つのそれぞれについて、実現するために必要な具体的な打ち手を検討し、さらに、KPIに落とし込んでいった。

①商品のローカライズの革新
　前述のように定義したバリュープロポジションを踏まえ、10年後までを見越して、売上目標を実現する商品のメドがどれくらいついているかを金額ベースで試算した。そして、不足している部分は何に重点を置いて開発していくのかを検

討した。こうした検討の結果、大きなギャップの存在が明らかになり、社長直轄で新興国向け商品開発専門チームを設置するという意思決定が行なわれた。チームの体制、メンバーの要件、プロセスを定義し、パイロット・プロジェクトを行ないつつ実効性を検証し、軌道修正していくこととした。

②マーケティングの革新

前述のように、新興国市場では多くの消費者が日常的に買い物をするのはトラディショナル・トレード、すなわち家族経営の小さな小売店である。また、経済成長とともに現地企業や外資企業がさまざまな新商品を投入し、消費者の選択肢が急速に拡大する中で、消費者は商品の知識や情報をあまり持ち合わせていない場合が多い。消費者に、今までにない商品を使うことの意味や、そうした商品のもつ価値を訴求し、どういう状況、シーンでそれらを使うのかをイメージしてもらうために、店頭での陳列やPOP、プロモーションがきわめて重要になる。そこでA社は、小袋入り商品を店頭の目立つところにつり下げる、消費者に商品の価値を端的に訴えるPOPやポスターを掲示する、商品パッケージを印象深く現地の人が好感をもつデザインにする、等の工夫を重ねた。これを国ごとにすみずみまで多くの小売店に展開し、更新し続けていく必要がある。実行するうえで非常に重要なのが、後述するチャネル・マネジメントである。

一方、テレビCMなどのマス広告も高い効果が望めるが、大きな投資が必要である。市場の成長・進化、自社の商品展開プランなどを考慮して、効果的なタイミングや他のマーケティング手段との組み合わせ方を、市場ごとに注意深く検討した。

さらに、新興国市場ではネット／ウェブ、SNSなどを使ったデジタル・マーケティングも重要である。交通や物流の物理的インフラよりも急速にモバイル、スマホなど手軽な通信手段が浸透し、消費者がそれらを多用している市場も多い。商品情報の入手、商品のリサーチ、SNSなどでの友人からのリコメンデーションなど、消費者のデジタルツールの使いこなし方は日本より進んでいる国も少なくない。BCGが中国で行なった調査では、消費者が信頼する情報源の第1位は友人や親せきからの口コミ、2位がブログやオンラインでの商品レビュー、3位がSNS、4位がメーカーのウェブサイト、5位がテレビCMだった。eコマースがま

だあまり発展していないインドネシアのような市場でも、デジタル・マーケティングがブランド認知や購買の決定にかなり影響を及ぼしている。日本における消費者のデジタル・ツールに対する感度や、デジタル・マーケティングの影響度を前提に考えると、新興国では大きな間違いを犯すことになる。A社では、市場ごとにデジタル・プラットフォームの状況（スマホの普及など）、各デジタル・ツールのカルチャー面での親和性など、将来の進化を予測して、デジタル・マーケティングがどんな威力を発揮するか、デジタル・マーケティングをどう活用するか、デジタルとリアルをどうつなげるか、を検討した。

③チャネル・マネジメントの革新

さらに、新興国ではその市場に応じたチャネル・コントロール力がきわめて重要である。前述のように、A社が注力しているアジアの新興国の多くではモダン・トレードの浸透度が低く、トラディショナル・トレードが大きな割合を占める。しかも物流網も整備されておらず、国土全域に広がるこうした無数の店舗へのリーチには多くの困難がともなう。一方で、国・地域によってスピードは異なるが、今後はモダン・トレードが増え、チャネル構造は大きく変化していくと予想される。

このような環境でチャネルを構築し、マネジメントしていくためには重要なポイントが3つある。

まず、トラディショナルとモダンの2つのタイプに対応する営業モデルをそれぞれ構築し、チャネル構造の進化に応じてマネジメントしていくことである。A社は、従来は進出国・地域ごとにそれぞれ独立したアプローチをとっていたのを、トラディショナル・トレード向け、モダン・トレード向けという2つの基本モデルを設定し、各市場に適用するように変更した。各進出国がチャネルの進化のどの段階に当たるか、今後どのようなスピードで進化していくかを類型化して、2つの営業モデルをどう適用していくかについての基本的な考え方を整理した。そして、この2つのモデルを詳細に具体化し、これらを実行していくための仕組みや体制を構築していった。並行して、必要な組織能力を育成するための教育・トレーニング計画も策定した。

2つ目は、しばらくの間、大勢を占めるトラディショナル・トレードに対する

施策である。国ごとに、全土に分散した卸を組織化して教育し、KPI、インセンティブ制度、PDCAなどにまで踏み込んで自社の卸ネットワークとしての仕組みをつくり上げていく必要がある。

　一般に比較的多いのは、別の商材ですでに現地市場に広範なアクセスがあり強いポジションを築いている卸とジョイントベンチャーをつくるケースである。ただし、この場合、その卸がA社の新たな価値をもった商品を提案して売り込んでいく組織能力を有しているかどうかを慎重に見極める必要がある。現地の中小小売店と広範な取引があっても、単なる物流の機能しか果たしていないような卸では、A社の商品を広めていくことは望めない。また、ある国では、すでに現地競合企業が大きなシェアを握っており、一から卸ネットワークをつくっていくのでは遅すぎるため、その現地競合企業を買収した。その現地企業は強力なポジションにあったが、中長期の展望を考えると、前述のような消費者の進化に対応できるほどの技術、R&D、商品開発の組織能力は持ち合わせていなかった。そのため、A社と組むことで相手にとっても大きなメリットが期待でき、Win-Winの関係を築けた。買収後に、A社の技術や商品開発の組織能力をこの企業に移植していった。

　3つ目は、チャネル・マネジメントに限らず、マーケティングや流通、商品開発などにおいて新興国市場の中で成功したやり方をモデル化して、次の新興国市場へと横展開していくことである。ここで注意すべきは、日本のやり方をマニュアル化して押しつけるのではなく、新興国でのベストプラクティスを展開し進化させていくことである。P&G、コカ・コーラ、ペプシコなどグローバル・ジャイアントは、こうした点で強みをもつ企業が多い。

　④SCM（生産、物流）の革新
　もちろん、商品力だけで勝てるほど新興国市場での戦いは甘くない。新しいビジネスモデルの実現には、S字カーブの前倒しを引き起こせるコスト構造が実現できるよう、SCM（生産、物流）を組み立てていく必要がある。製品を低コストでつくるだけでは実現できない。新興国では物流コストが著しく高い。一方、市場が分散しているものの、いくつも工場をつくるわけにはいかない。必然的に長距離の輸送が必要となる。そうした中で、向こう10年の推移を見据えて、最も

効率的な稼働を可能にする拠点配置や、必要な設備のコスト構造を考えなければならない。長期計画をもとに、物流費と設備投資の両面で、段階ごとに最適化を検討する必要がある。

　A社では、このように自社の勝ちパターンをビジネスモデルとして組み立て、バリューチェーン全体にわたって、このビジネスモデルを実現するために必要な組織能力を身につけるための施策を構築し、PDCAを回し続けている。しかし、何より重要なのは、ローカル人材をどう育て、ビジョンを共有するか、である。そのうえで彼ら彼女ら自身が、自分たちはどう働き方を変えるのか、次に何を目指すのか、ということを自ら考えるようにしていくことが、それぞれの市場で長期的に勝ち続けるためにはきわめて重要である。A社では、こうした課題を中心に取り組みを続けている。

Column
海外で買収した企業のガバナンス

　日本企業が海外市場でビジネスモデルを迅速に構築していくための手段として、現地の同業企業や卸・流通企業を買収したり、それらの企業に出資したり、ジョイントベンチャー（以下、JV）を設立したりするケースが多く見られる。しかし、その後の経営がうまくいっているケースは多いとは言えない。BCGの経験に基づき、こうした海外企業のガバナンスで日本企業が陥りやすい癖と、押さえるべきポイントをまとめておく。本コラムで取り上げる内容の多くは、M&A、資本提携、JVに限らず、海外拠点の運営や、ヘッドハントした海外の経営層に対するガバナンスにも共通する課題である。

　買収に失敗するケースは、ガバナンスにおいて放任しすぎか、手を入れすぎるか、の両極端のどちらかのパターンが多い。安易な統合計画で臨むと、結局、いつまでたっても統合のシナジーも生まれず、ガバナンスもできないために何も見えず、あわや減損という最悪の事態に陥りかねない。一方、親会社としての気負いと自尊心でいろいろな報告や要求を突きつけたり、市場の事情や買収先企業のカルチャー、強みを理解せずに、日本、あるいは自社においての

成功パターンを強要し続けたりする例もある。これでは、現地社員のモチベーションが下がり、重要な人材が離れていき、業績も下降してしまいかねない。

買収後の企業のガバナンスにおいてルールや規定類をきっちりと整えることは、明文化すべきハードな要件として不可欠である（組織構造の規定や権限規定、決裁基準、業績管理手法、レポーティングラインなどのオペレーションルール、人事評価制度の設計・明文化など）。しかし、これらの基本的条件を整備するだけではうまくいかない。文化的、歴史的背景や価値観が異なる企業・組織・人とうまく協業していくためには、ガバナンスの器をつくるだけでなく、魂を入れる必要がある。

BCGでは、大きな買収や統合を実践し、買収企業のマネジメントで苦労した企業、一度は失敗してガバナンスを立て直した企業に対し、数多くのインタビューを行なった。彼らの体験談から浮かび上がってきたのは、もっとソフトな、必ずしも明文化されない要素を押さえる工夫が必要ということであった。そのポイントは、「信頼」と「透明性」である。以下、信頼と透明性を高いレベルで実現するための3つの要件について説明する。

①生きたコミュニケーションラインでつなぐ

公式なレポーティングラインを通じたやりとりだけでは、高いレベルでの信頼や透明性は生まれない。信頼や透明性の構築には、3つのコミュニケーションラインが必要だ。

第一に、トップ間のホットラインを設けて、高頻度のコミュニケーションを行なうことである。買収先企業のCEOと買収元の日本企業のトップの間で、隔週での電話会議などで意思疎通を図ること、加えて定期的に直接会う機会を確保してパーソナルな関係を構築することが重要である。また、買収先企業のCEOからの質問や疑問に対しては迅速な返信を心がける。24時間以内に何らかの形で返事を送るスピード感が求められる。すぐに返事がないと、買収された企業のトップとしては、さまざまな疑念や懸念、心配が募っていくものだ。英語でのコミュニケーションが難しい場合は、信頼のおける通訳を入れる、お互いがよく知る直属の部下からトップの言葉として返信をする、などの工夫をして、相手との距離を近づける努力が不可欠である。

2つ目は、日本本社のトップの名代として、トップ自身が信頼を寄せる人材を現地の買収先CEOの近くに送り、サポート役、アドバイザー役に据えることである。本社トップのタイプや個別案件における本社の意向、意図が事前に理解でき、いざというときに本社トップ層とのパイプ役になれる人材の存在は、現地CEOと本社の間の信頼感を高めるうえで大きな意味がある。

　3つ目は、さまざまな階層、部門でのコミュニケーションラインを通しておくことである。たとえば、財務、経営管理、企画などの重要部門に、本社と買収企業の間を橋渡しできる人材を派遣する。リスクや脅威のかすかな兆しや、お互いの信頼を損ねるような隠し事がないか、を感知する。さらには、お互いがお互いを知ることができる機会を組織に埋め込む。そのためには、トップのラインだけに頼らない複層的、多面的なコミュニケーションラインを構築することが重要なのである。一方、日本本社から送る人材は、買収先企業に価値提供でき、信頼を獲得できるポジションに限定して、少数精鋭で派遣することが重要である。

　②**経営理念、ミッション、価値観を共有する**

　海外買収企業との統合の経験豊富なトップ層は一様に、「自分たちが何を目指しているのかというビジョンやミッション、そして何を大事にして経営しているのかという価値観の共有は驚くほど刺さる。特に彼らの目線に立って繰り返し語りかけることで、興味が湧き、共感が生まれ、敬意につながっていく」と語っている。

　日本企業の従業員にとっては当たり前になっている自社の理念、ミッション、価値観、そしてそれをつくり上げてきた伝統を、体系的、論理的、かつ情熱的に語れるようにする。さらには、買収企業の従業員たちが大事にしてきた同様の要素を深く理解し共有する。そうしてチームとしての一体感を醸成していくことが、信頼ベースのガバナンスを実現するうえできわめて重要である。そして、この国で大きなポジションを築いていく覚悟、それをいっしょに成し遂げたいという思いをローカルの経営層、従業員と共有することである。

　もうひとつ着目すべきは、買収先企業の資金的な制約や親会社（ファンドなど）や資本市場の短期業績プレッシャーから、今まですべきだと思っていなが

らできなかったこと、疑問やうしろめたさを感じながらもやらざるを得なかったこと、あるいは直言できなかったこと、などである。それが企業の価値創造と経営層や社員からの信頼の醸成につながると考えるならば光を当て、前向きなメッセージを発し、行動に移すようにする。

　一方で、「終身雇用」の概念がない海外のCEOの業績上の視野は3年と心得たほうがよい。理念、ミッション、価値観などの共有はきわめて重要だが、それは5年や10年といった長期の事業計画へのコミットと同義ではない。

③ "見える化"の仕掛けを組み込む

　「信頼に基づくガバナンス」と言っても、見える化が十分に担保されていなければ、自律的に経営する権限を与えすぎるのは危険だ。見える化を実現するには、業績管理の仕組み、監査の仕組み、そのベースとなる経営情報管理システムが重要となる。

　業績管理の仕組みのポイントは、どういうメッシュ、どういう頻度、どういうフォーマットで標準化するか、である。メッシュとは、商品別、地域別などの区分けをどの程度細かくくくるか、また売上げ、利益、コストなどの業績をどういう粒度で見られるようにするか、である。頻度は、月次管理か、四半期か。フォーマットは、どのような形式で、どういう手順でそれを回していくか、というプロセスの設計である。リスクを感知できるだけの十分な細かさでの、月次ベースの情報収集を基本とすべきだ。ただし、見える化のレベルを高めることと、どのタイミングでどのレベルでの議論をするかという話は、切り分けて整理すべきである。いったんゆるい形でスタートした後で厳しい方向に変えていくことは非常に難しいため、最初の段階で徹底的に議論して決めることが重要である。

　監査の仕組みも重要なポイントである。監査の目的は単にコンプライアンス違反や社内での取り決めのルール違反、あるいは財務上のリスクを探ることだけではない。戦略上、オペレーション上のリスク、社員のモチベーションや離反のリスクなど、まだ数字には表れない、人やマネジメントに由来するリスクを感知できるかどうかが重要となる。そのため、監査チームには経営の経験、目線をもった人材を配置すべきである。

こうした見える化の実現には情報システムのインフラ整備が求められる。大きな資金が必要となる場合が多いが、当初から償却額を見込んだ計画を立てて、なるべく早い時期に整備することが肝要である。

最後にもうひとつ重要なことは、異文化の人材をマネジメントできる人材を多く育成することである。本社にいる日本人だから、日本の親会社から派遣されているから、といったポジションで異文化人材をマネジメントしようとしてもうまくいかない。最も重要なのは、語学力ではなく、異なるバックグラウンドを理解し多様性を受け入れて協業できる能力であり、コミュニケーションできる能力である。

BCGからのメッセージ

最近10年で新興国市場の競争環境は、「一本調子の成長の終焉」と「現地企業の実力向上」により厳しさを増している。その中で勝っていくための要件として、①自社が勝てる市場（地域、顧客）を選んで戦う、②その市場で現地に合った事業構造（サプライチェーンやチャネル構造など）をつくり上げる、③必要な強みをもつ現地パートナーと適切なやり方で組む、④現地のハイレベルな人材を活かしきる、⑤現地マネジメントに地域に合わせた正しい距離感で経営を任せる、などがあげられる。

これらの要件を満たすためには現地における深い知見・経験・ネットワークが必要だが、多くの企業はこれらをもっていない。その中でどのようにしてスピーディーに成功要件を満たしていくのか、各企業の取り組みの巧拙が問われている。BCGも現地オフィスと日本オフィスが密に連携しながら、各企業の取り組みを支援し続けている。

BCGパートナー　木山　聡

第2章
デジタル・ディスラプション
―― テクノロジーを経営に取り入れる

デジタルが変える経営

　IoT（モノのインターネット）、人工知能（AI）、クラウド、コグニティブ・コンピューティング、拡張現実（AR）、モバイルやソーシャル・ネットワーク……さまざまなテクノロジーの進化があいまって、企業のあらゆる活動を大きく革新できる土壌ができつつある。これらを駆使して、コストや時間の削減による生産性向上と、イノベーションや新商品・サービスの開発による成長の実現という両面でメリットを享受できる可能性が広がっている。

　テクノロジーが従来とは格段に異なる可能性を開き、そのテクノロジーの真価をフルに活用できるよう業務プロセスを再定義することで、パラダイムシフトに近い大きな変化が起こる。ただし、ここで重要なのは、これらをうまく活用する企業には大きな飛躍の機会がもたらされる一方、そうでない企業は取り残され、その差が加速度的に開いていく傾向があることである。先進企業だけに関わる動きだと思ってアクションをとらずにいたら、あっという間に業界全体がつくり変えられてしまうということにもなりかねない。

　では、デジタル化やテクノロジーをうまく活用すれば企業活動をどのように変えることができるのか。図表2-1は企業のバリューチェーンを単純化して示した例だが、バリューチェーンの各レイヤーで従来とは異なる次元の革新が可能になる。

　左から順に見ていくと、**研究開発**においては、たとえばオープン・イノベーションを円滑に進めるためのデジタル・プラットフォームを構築して、外部の企業や研究者、ベンチャーなどとの場所と時間を超えたコラボレーションをすることもできる。研究にセンサーやデータベースを活用して精度やスピードを高めることもできる。

　商品開発では、実際のモノがなくても、画面上でシミュレーションやモックアップを行なったり3Dプリンターで試作品をつくったりすることで、開発スピードの大幅向上と開発コスト削減が可能になる。後述するプロトタイプ、モックアップ、アジャイルといった手法をソフトウェア以外の分野にも応用して、

図表2-1 デジタル化、先端技術を駆使してバリュー・チェーン全体を大きく革新する

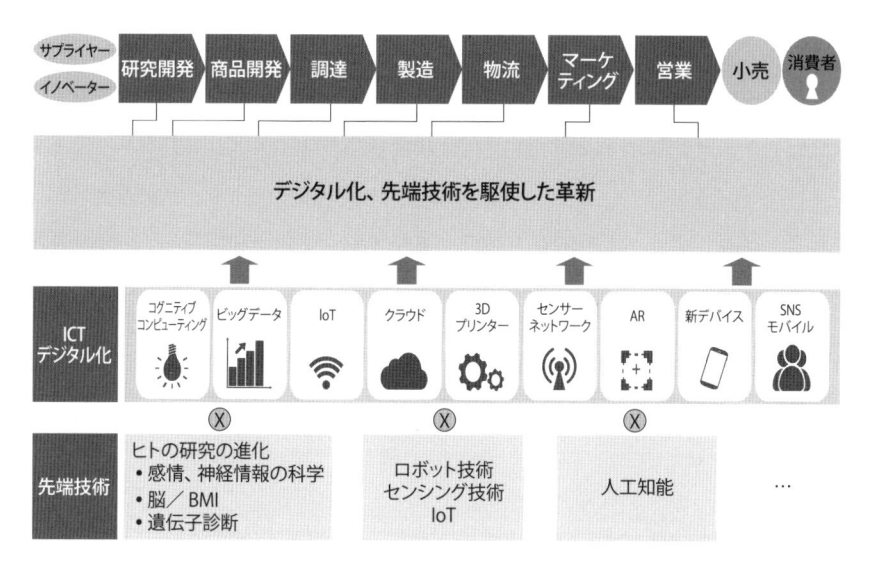

| | サプライヤー／イノベーター | 研究開発 | 商品開発 | 調達 | 製造 | 物流 | マーケティング | 営業 | 小売 | 消費者 |

デジタル化、先端技術を駆使した革新

ICTデジタル化: コグニティブコンピューティング／ビッグデータ／IoT／クラウド／3Dプリンター／センサーネットワーク／AR／新デバイス／SNSモバイル

先端技術:
- ヒトの研究の進化
  - 感情、神経情報の科学
  - 脳／BMI
  - 遺伝子診断
- ロボット技術／センシング技術／IoT
- 人工知能
- …

©2016 The Boston Consulting Group

「試作→ユーザーフィードバック→改良→テスト」というPDCA（Plan-Do-Check-Action）のサイクルを高速かつ低コストで回すこともできる。SNSなどを通じてユーザーの声を広範かつタイムリーに集めて商品開発に活かすこともできるだろう。

調達では、調達計画を精緻化したり、配送計画を効率化したりすることができる。

製造では、オンデマンド生産、ロボット技術やセンサーの活用による自動化・自律化、センサーやビッグデータ解析を活用した生産計画の精緻化や無駄の排除、など多様な取り組みが行なわれている。自律的に動く工場を実現できる可能性もある。

物流でも、川上、川下のあらゆるステークホルダーとデジタルでつながることによる、サプライチェーンの質と効率の飛躍的向上、需要予測の精度向上、在庫管理の自動化などさまざまな可能性がある。

マーケティングでは、消費財メーカーであれば、従来は小売あるいは卸との

取引を中心にものを見てきたが、デジタル化により消費者の行動の一部を直接把握できるようになる。デジタル化による膨大な顧客情報の蓄積とビッグデータ解析により、従来は考えられなかったようなレベルの消費者インサイトを短期間に導き出すこともできる。また、デジタル・マーケティングのさまざまな手法が開発・展開されており、ユーザーを人口動態的特性だけでなく行動特性などの切り口でセグメント化して、よりきめ細かくカスタマイズした広告・販促を行なうこともできる。入念な工夫が必要ではあるが、実験と検証を迅速かつ低コストで繰り返すことにより、マーケティングROIを高めていける可能性もある。さらに、アドボカシー・マーケティング、ニューロ・マーケティング、心理分析マーケティングなど次世代の手法も続々登場している。

　営業では、B2C、B2Bを問わず、顧客・消費者インターフェースや販売チャネルとしてネットをどう使うかを、多くの企業がすでに何年も検討してきた。また、消費財メーカーが流通企業に対して、データを駆使して従来とは異なるレベルの提案営業をすることも可能になる。

　さらに顧客サイドで、**新たなサービス**を提供し、**ビジネスモデル転換**につなげることもできる。たとえばB2Bでは、GEの航空機エンジン、ガスタービン、医療機器、コマツの建設機械などにおける例が有名だが、IoTを活用して、納入済み機器の稼働状況の分析、故障の予兆の把握などを行ない、修理の迅速化や顧客企業へのコスト削減提案など、付加価値の高いサービスを実現している企業もある。B2Cでも、消費者起点でのバリューチェーン横断の革新や、消費者向けの新しいソリューションの提供などが考えられる。

　しかし、これらの革新はそう簡単に実現できるものではない。何か新しいツールや手法を導入すれば、すぐに実現できるという次元の話ではない。また、デジタル化をどう進めたら競争優位を築けるかは企業ごとに異なる。まず、どこにどうデジタルやテクノロジーを取り入れれば自社の競争力を高められるかを洗い出し、そのうえで短期・中期・長期の時間軸に分け、優先順位をつけて、戦略的視点でロードマップを構想する必要がある。そして、テクロノジーの真価をフルに活用できるよう、新たなモデルを構築し、それを実現できるよう業務プロセスを再定義し、関連する組織のすみずみまで実行を徹底しなければならない。多く

の企業がさまざまな領域で変革に取り組んでいるが、従来とは異なる次元の知識や発想が必要になる。

　たとえば、世界的に注目される「インダストリー4.0」を実現するためにBCGがクライアント企業のお手伝いをする場合であれば、次のような4つのステップで戦略策定から実行までIoTの経験豊富なエキスパートが支援する。

①**IoT活用戦略の策定**：IoTを活用した事業機会、提供ソリューションイメージの策定・具体化、想定顧客価値の試算・優先順位づけ、ビジネスモデルの検討、ロードマップとアクションプランの策定
②**パイロットテストに向けた準備**：効果検証対象ソリューションの選定、テストユーザーの選定・交渉、パイロットテスト実行準備
③**パイロットテストおよびソリューション構築**：パイロットテスト実施、パイロットの結果を受けた戦略・ソリューションの見直し、ソリューション構築（機器ベンダーとの提携を含む）、拡大展開の準備
④**ソリューションの拡大展開**：ターゲット顧客への拡販、導入実績に基づくソリューションの継続的改善・開発

　各社の強みや状況に応じてカスタマイズしたIoT活用戦略の策定と、具体的なソリューションの構築・展開を合わせて行なっていくことが重要なポイントである。このような一連のステップを経てはじめて顧客・エンドユーザーにとって価値が高く、かつ自社にとって競争力の高いIoTソリューションが実現できる。

　デジタルを経営に取り入れる変革は広範にわたるため、限られた紙面ではごく一部しか紹介できないが、本章では3つの領域を取り上げ、BCGのアプローチを事例を交えて紹介したい。デジタル・テクノロジーを活用した新事業開発、デジタル・テクノロジーを活用して競争優位を生み出せるよう企業全体を変革する「デジタル・トランスフォーメーション」、目前に開けた大きな可能性をまだまだ企業がうまく活用しきれていない「デジタル・マーケティング」の最適化、である。

デジタル・テクノロジーを活用した新事業開発

　この節では、企業、特に既存大企業がデジタル・テクノロジーを活用した新事業を開発していくためにはどんなアプローチをとればよいのか、その際のポイントは何か、どんな組織能力が必要となるのか、をBCGの経験をもとに解説していきたい。

　日本に限らずグローバルで見てもデジタル分野の新事業と言うと、ネット系企業やアントレプレナーが率いるスタートアップ企業により立ち上げられる場合が多い。こうした事業開発を試みる大企業も少なからずあるが、今までのところでは成功している例は少ないのが実情である。既存大企業の組織能力や人事・組織体制では、ネットやデジタルの世界で求められるスピードで意思決定して開発を進めたり、独自の創造的アイデアを生み出したりするのは難しいということがあちこちで言われてきた。

　しかし、デジタルの世界に膨大な可能性が潜んでいることは誰もが知るところとなり、成長機会を求めてデジタル分野の新事業を開発したいという既存大企業は急速に増えている。実際に成功をおさめつつある大企業も存在する。言うまでもなく大企業は確固たる資本や資産、さまざまなリソースやプラットフォームを有している。それらをうまく活用して新事業を開発することができれば、そのリスクとリターンはベンチャー企業とは異なる次元のものとなろう。また、大企業の体力を活かして、スケールアップを加速する、忍耐強く軌道修正を続ける、など戦いを有利に運べる局面もあろう。BCGでも多くの大企業を支援する中で、こうした大企業の強みを活かした事業育成に大きな可能性を見出し、それを実現するためのさまざまの手法や体制、ツールをつくり出している。日々進化している途中ではあるが、以下にその一端を紹介したい。

●——デジタル領域の事業創造に必要な機能

　デジタル領域の新事業を開発するには、既存大企業の従来の事業とは異なる

図表2-2　デジタル事業創造に必要な機能

	Think	Design	Make	Run	Risk Share
	戦略立案	コンセプト企画 サービス設計	開発	運用・成長	投資

分断化

従来型の 外部リソース活用	戦略ファーム	デザイン ファーム	システム インテグレーター	ネット系 広告会社	VC
		広告会社（下請制作会社）			

©2016 The Boston Consulting Group

アプローチが求められる。まずデジタル領域の事業創造に必要な機能を見ていこう。

　主な機能を整理したのが図表2-2である。一番左に示したのが「Think（戦略立案）」。その右側のレイヤーが「Design（デザイン）」で、戦略に則った形でコンセプトを企画し、サービスを設計していく。企画やサービス仕様がある程度整ってきたら、それを実際につくっていき（「Make（開発）」）、商品を上市、あるいはサービスを開始して成長させていく（「Run（運用・成長）」）。資金の調達・投資（「Risk Share（投資）」）も必要だ。これらはいずれも不可欠な機能であり、かつ、すべてをリンクさせて進めることが重要である。インターネット発のプレーヤー、たとえばYahooやDeNAといった企業であれば、元々これらの機能をすべて社内に抱えており、各機能が連携して進める。

　ところが、既存大企業の場合、これらの機能のほとんどを自社で保有しておらず、外部リソースを利用している。しかも、全機能を一貫して提供するプレーヤーは国内外にほとんど存在せず、機能ごとにそこを専門とする企業と組むことになる。戦略であればBCGを含む戦略コンサルティング・ファーム、デザインであればfrog design、IDEOといったデザインファームが主に手掛け、開発はエンジニアやシステムインテグレーターが中心に行ない、Runは広告会社やデジタル・エージェンシー、投資はベンチャーキャピタル（以下、VC）やファンド、と

いった具合である。その結果、各機能が分断され、伝言ゲームのような状況になってしまう例が多く見られる。

　そうなると、途中で本来の戦略とは異なる思惑が入ってきたり、ベンダーへの指示が不明確だったりして、当初の戦略目的とは異なる商品・サービスができてしまう。あるいは、ばらばらの伝言ゲームの結果、スピードが損なわれタイミングを逸する。さらには、各段階を外出ししてしまっているために、データやノウハウが蓄積されない。このような例が非常に多く見られる。ネット、デジタル系のサービスで、大企業がネット発企業に負けることが多い背景のひとつとして、こうした事情がある。

　このような事態に陥らないために、外部活用、M&A、ジョイントベンチャー、エキスパートの採用を含めた社内の組織能力構築をうまく組み合わせて、自社が一貫してコントロールできる体制をつくり上げることが求められる。ただし、これは容易なことではない。

　まず、レイヤーごとに外部のさまざまな専門プレーヤーを活用しつつ、全体を統括しコントロールするのはかなり難しい。社内の組織能力を高めるためにエキスパートを採用し登用しようとしても、大企業の人事・組織制度が壁になる場合が多い。そもそも組織能力がないところには候補者を見極める目や育成方法も備わっていない。社内でやろうとするとスピードも担保できない場合が多い。VCやファンドに投資したりジョイントベンチャーを設立したりする場合は、投資や事業のコントロールが困難なうえに、自社にノウハウを蓄積できない。ベンチャー企業の買収やジョイントベンチャー設立では、相手側の志や意思があり、大企業が100％コントロールはできない。きわめて高度なガバナンスが求められる。大型買収は別として、小規模企業の買収や出資を数多くしていく場合は、成功確率は概ね20分の1から30分の1くらいのレベルとなり、どうやって投資確率を上げていくかという問題がある。

　ちなみに、BCGでは大企業がこうした問題を乗り越えるのをサポートするために、大企業の事業パートナーとしてこれらの機能を一気通貫で提供する「BCGデジタルベンチャーズ」（以下、BCGDV）を、BCGとは別組織で設置し、多くのクライアントと協業している（コラム「BCGデジタル・ベンチャーズ」参照）。

図表2-3　デジタル分野の新事業創造アプローチ（BCGDVの例）

イノベーション	→	インキュベーション	→	コマーシャリゼーション
・数十の事業アイデアを幅出し 　―日本未浸透のデザインシンキング・アプローチ 　―数十人に及ぶインタビューからインサイト／ペインポイントを洗い出し ・4回の投資委員会による事業コンセプトの磨き込みと絞り込み ・通常1〜2年かかるシード期間を、専門人材の短期集中投入により3〜4カ月に短縮		・リーン： 　提供価値を実現する必要最低限の機能群（MVP）に絞り開発 ・アジャイル： 　絶えずユーザーテストとピボットを繰り返す ・初期マーケティングプランの策定 ・ソフトウェアのみならず、デバイスも開発		・プロダクトイタレーション： 　継続的なプロダクト改善 ・データドリブン： 　KPIを設定し、データに基づいたプロダクト改善 ・グロースハック： 　顧客の反応を捉えたマーケ施策の実行・改善 ・事業推進体制の構築

出所：ボストン コンサルティング グループ、BCGDV
©2016 The Boston Consulting Group

●──デジタル系新事業創造のアプローチ

　では、変化が速く先を見通すことが難しいデジタルの世界で今までにない発想の新ビジネスを生み出し、うまく立ち上げるには、どんなアプローチで取り組んでいけばよいのだろうか。定石化が難しいと思われる環境にあって、競合優位性の高いビジネスを生み出す秘訣というようなものはあるのだろうか。

　ここでは、ひとつのヒントとして、BCGDVとBCGがクライアント企業と協働して新事業をつくり出すために編み出したアプローチの概要とその特徴を紹介したい。ただし、これはあくまで本書執筆時点でのやり方であり、アプローチも常に進化している。

　図表2-3はBCGDVの新事業創造アプローチの全体像をまとめたものだが、①イノベーション、②インキュベーション、③コマーシャリゼーション、という3つのフェーズで進められる。

イノベーション・フェーズ

　ひとつ目のイノベーション・フェーズは、12週間から14週間にわたり、徹底

的に事業のアイデアの幅出しと絞り込みを行なう。最初はアイデアをどんどん幅出ししていき、数十から100くらいのアイデアを出す。事業アイデアを出す際に着目するのが、「フリクション」、すなわち現状とあるべき姿のギャップである。そうしたギャップにこそイノベーションのチャンスが潜んでいるからである。マクロな環境変化、顧客のペインポイント、潜在的なニーズ／欲求という3つの観点でこれを探っていく。

　その後、4回の投資委員会でこれらの事業アイデアを評価し、有望なコンセプトに絞り込み、磨き込んでいく。投資委員会は親企業のCEOや経営幹部で構成され、BCGからもパートナーが参加し、スタートアップチームが彼らに対して5〜10分ずつピッチ（新しいアイデアの提案）をする。イノベーション・フェーズの終わりには2〜3の具体的な事業コンセプトに絞り込まれ、これらがプロトタイプとなる。執筆時点で日本では、こういったプロセスで実際に事業をつくっている企業はほとんどない。

　最初の投資委員会では、その事業の意義や、フリクション（その事業はどんな理想と現実のギャップを埋めるものなのか）、今がベストなタイミングなのか、そして、親企業全体の戦略と合致しているか、の4つのポイントを中心に評価する。この段階では収益、財務数値やビジネス性の話はしない。言い換えれば、ストーリーを重視する。こうしたスクリーニングをしたうえで、2回目以降で、具体的なビジネスの議論をしていく。

　BCGDVのアプローチの中でもこのフェーズは特に特徴的な部分で、2つの大きなポイントがある。ひとつはVC的思考であり、もうひとつは徹底した顧客視点である。

　アイデアやコンセプトの評価・選定に当たっては、VCのような考え方で客観的かつ合理的に、ある意味、ドライに判断するとともに、スピードを重視する。そして、この種の事業創造で一発必中はあり得ないので、ポートフォリオ・アプローチをとることにより、リスクを分散しつつ成功確率を上げる。うまくいくものもいかないものもあるという前提で数多くのアイデアを検討し、その中からうまくいくものを育てていく。サンクコスト（すでに投下され回収できない資金・労力）に拘泥せず、失敗は早期に見極め、同時に失敗からの学びを活用していく。

もうひとつ、徹底した顧客視点で洞察を引き出すために、ヒューマンセントリック・アプローチと呼ぶ手法を用いている。これはまず、主にエスノグラフィック・リサーチの手法を用いて、ユーザー／顧客の中に眠っているペインポイントや未充足ニーズ、潜在的欲求を引き出していく。そして、デザイン・シンキングの手法で解決策をラフスケッチで描き出し、コンセプトテストをしながら素早くブラッシュアップしていく。ラフスケッチはあえてデザイナーの手描きにするなど、直感的な意見を引き出せるよう細かい工夫もしている。

　エスノグラフィック・リサーチとは、文化人類学や社会学の手法をビジネスにおける開発やマーケティングに応用したもので、デプスインタビュー（対象者に一対一でじっくり話を聞き、深層心理を聞き出そうとする調査手法）や生活観察調査などを通じて、ユーザー側の深い洞察を導き出そうとするものである。従来型の仮説思考とはまったく異なるアプローチで、顕在化していないニーズやユーザーが言葉で表せない領域、無意識の行動などを探るのに適している。ただし、エスノグラフィック・リサーチやデザイン・シンキングはあくまで手法・ツールのひとつとして取り入れており、必ずしもすべてをこれらのアプローチで行なうわけではない。ケースバイケースで仮説思考やビジョナリーなアプローチが有効な場合もあり、使い分けている。

　インキュベーション
　第二のフェーズはインキュベーションで、イノベーション・フェーズで出てきた2〜3のプロトタイプに対して、開発に進めるか進めないかの判断をしたうえで、進めると判断されたものを開発していく。この開発段階には主に2つの特徴がある。ひとつは「リーン」、もうひとつは「アジャイル」である。

　リーンとは、この種の開発でよく言われる「MVP（Minimum Viable Product）」、すなわち必要最低限の一番重要な機能に絞って開発することを意味する。最初はMVPに焦点を絞ってリーンな（無駄のない、効率的な）商品を迅速に売り出す。ユーザーの反応を見て、追加機能を後から開発し付加していけばよい、という考え方である。

　アジャイルとは、システム開発などで従来行なわれてきたウォーターフォール型開発の対極にある手法である。ウォーターフォール型とは、要件定義、外部設

計、内部設計、プログラム設計、プログラミング、テストなどという工程に分けて、段階ごとに順番に進める方法で、原則として前工程が終了してから後工程に進む。工程管理がしやすい反面、後になって変更が生じても段階を戻って修正するのは難しい、開発の最終段階にならないと成果物が見えず、ユーザーテストは後のほうの段階で行なわれる、などの問題がある。これに対してアジャイル開発は、ユーザーにテストを繰り返しながら、フィードバックに応じてピボット（方向転換）して、そのたびに柔軟に改変が加えられる手法である。これを超高速で回していく。

コマーシャリゼーション

第三のフェーズはコマーシャリゼーションである。このフェーズでは、商品・サービスの継続的改善とマーケティングの両面で、PDCA（Plan-Do-Check-Action）を高速で回し、とことんチューニングしていく。マーケティングでは、プリアクセス・マーケティング、オンアクセス・マーケティング、ポストアクセス・マーケティングの3段階がある。

プリアクセスは集客の段階で、アクセスが増えるよう、SEO（検索エンジン最適化）やSEM（サーチエンジンマーケティング）、そのほか諸々の集客戦略を企画、実行し、ひたすらPDCAを回しチューニングを重ねる。

オンアクセスでは、ユーザーがウェブサイトを訪れた後で購買につながる比率（コンバージョン）を上げるために、ウェブサイトのユーザー・インターフェースの向上などに取り組む。

ポストアクセスはCRMに当たる。1回購入した顧客がどれくらいリピートしてくれるか、どうしたらその顧客のライフタイムバリュー（顧客生涯価値）を上げられるか、その顧客の単価をどれくらい上げられるか、顧客満足度をどれくらい上げられるか、といった点に取り組む。

加えて、この3つを下支えする**データベース・マーケティング**がある。

Column
BCGデジタルベンチャーズ

　前述のように大企業がデジタル分野の新事業を開発する際は、機能のレイヤーごとに専門ファームと協業して進める場合が多い。しかし、ここがレイヤーごとに分断されているために、本来の戦略に則った事業にならなかったり開発に時間がかかったりして、成功を阻害する大きな要因となっている。これを解決するためのひとつのオプションを提供すべく、BCGが別組織で立ち上げたのが「BCGデジタルベンチャーズ」（以下「BCGDV」）である。

　BCGDVは、大企業の協業パートナー、事業パートナーとして、戦略立案からデザイン、開発、運用・成長、投資までの機能を一貫して提供する。開発や事業創造に共に取り組むととともに、多くの場合、新事業に出資する。BCGとは組織体は異なるが、完全連動し、パートナー企業の戦略との整合性を担保する。

　エンド・トゥ・エンドのサービスを支えるために、グローバルで蓄積したツールや手法、経験を備え、次のような多様なバックグラウンドのエキスパートを抱えている（図表2-4）。

- **ベンチャーアーキテクト**：事業プロデューサー、全体を統括
- **プロダクトマネジャー**：「0→1」でプロダクトの企画から開発、成長までを一貫して担う
- **ストラテジックデザイナー**：カスタマーインサイトからコンセプト創出を担う
- **エクスペリエンスデザイナー**：ユーザーインターフェース（UI）、ユーザーエキスピリエンス（UX）の設計、デザインを担う
- **エンジニア**：アプリ等、各種サービスの設計、開発、運用などを担う
- **マーケティング／グロース・エキスパート**：サービス成長のためのデジタルマーケティングを担う

　BCGDVは、大企業のデジタル系新事業創造を支えることを目的としており、パートナー企業の意思を尊重する。パートナー企業から見ると、実質的に自社

図表2-4　BCGDVのエキスパートチームとリソース

ベンチャー アーキテクト	プロダクト マネジャー	ストラテジック デザイナー	エクスペリエンス デザイナー	エンジニア	マーケティング／ グロース・ エキスパート

独自のツール ＆メソッド	グローバル ネットワーク	最先端の技術／ 事業動向へ のアクセス	スタートアップ 企業への直接 投資	豊富な経験

出所：ボストン コンサルティング グループ、BCGDV
©2016 The Boston Consulting Group

がほぼ100％コントロールして運営できるというメリットがある。BCGDVが、事業創造に向け徹底的にコミットする最適な人材を拠出することに加え、状況に応じてキャッシュや現物（知的財産等）を投資し、リスクシェアすることも可能である。一般のジョイントベンチャー設立やベンチャー企業買収と異なり、知的財産の保有、資本政策、ブランドなどをどうするかは、パートナー企業がほぼ自由に設計できる。パートナー企業は自社のコントロールの下に、BCGDVの経験豊富な人材を活用しつつ、そこから学ぶこともできる。レイヤーごとに分断された専門ファームとの協業と異なり、こうした経験を通じてノウハウが社内にたまっていくため、将来的にはインハウス化、すなわち自社内に組織能力を築いていくことも可能となる。さらに、ワンテーマ・ワンパートナーの原則に基づき、ひとつのテーマについてはひとつの企業に限り協業する。

　BCGDVはグローバルに6拠点、400人のエキスパートを擁し（2016年4月時点）、パートナー企業はそのネットワークをフルに活用できる。国境も業種も越えていくデジタル事業において、多種多様なバックグラウンドのエキスパートを活用できることは大きな利点となろう。前述のようにBCGと完全連動しているため、BCGのグローバル85拠点のネットワークももちろん活用可能

である。

　BCGDVは世界各地の最前線での経験をもとに新事業創造に向けたアプローチを独自に体系化し、日々進化させている。本章で紹介した手法は、本書執筆時点での代表的アプローチである。

事例：新興国の出産を控える親たちの潜在ニーズに応える

　ドイツを本拠とする世界最大手保険会社、アリアンツは急成長が見込まれる中国市場への浸透を目指して、さまざまなアプローチを模索していた。インターネットやモバイル・アプリを使った保険商品の販売を試みたが、芳しい結果は得られなかった。

　そこで、中国の顧客との結びつきを深めて、ライフ・ステージに応じた的を絞った保険商品を開発しようという意思決定をした。この取り組みの一環として広範な実験を行なったところ、出産を控えた親たちが将来の計画を立てるのを支援するという未充足の機会があることがわかってきた。同社は、親会社の考え方や慣習に縛られずに自由な発想でスピードと柔軟性をもって事業開発を推進していくことを目指して、ジョイントベンチャーを組成した。

　そこにBCGDVも参画し、ベンチャーアーキテクト、プロダクトマネジャー、ストラテジックデザイナー、エクスペリエンスデザイナー、エンジニアなどのエキスパートが協働することになった。こうしてKaishiというスタートアップ企業ができ上がった。

　スタートアップ・チームは事業アイデアを出すために、市場のフリクションを探った。すると、マクロな環境変化、顧客のペインポイント、潜在的なニーズ／欲求という3つの観点でのギャップの存在がすぐに明らかになった。マクロ環境では、一人っ子政策が廃止されるという大きな変化があった。だからといって、すぐにみんなが第二子を産むようになるわけではないが、少なくとも否定的な感覚はなくなり、ターゲット市場の拡大が予想された。また、ターゲットである妊婦たちのペインポイントを探ると、妊婦とその家族がヘルスケアの専門家の支援

を受けられる機会が限られていることが見えてきた。両親の不安を和らげ、胎児とのより強い絆を感じられるようにする——そこに重要なニーズがあった。

さらに、妊婦たちとのデプスインタビューで、「そうした不安な状態の中で具体的に何がわかれば安心できるのか」という潜在的願望を探っていくと、今まで満たされていなかった具体的ニーズが浮かび上がってきた。胎児の心音が聞けること、胎児の発育について学ぶこと、起こりうる症状について知識を得ること、妊娠中の体験をデジタル・ダイアリーで記録すること、そして、出産を控えた親たちの広範なコミュニティとつながること、などだ。実は当時中国では、胎児の心音を聞くために病院で使っていた従来のデバイスが、その機器が発する超音波が妊婦と胎児に悪影響を与える恐れがあるという理由で推奨されなくなっていた。ここから、超音波を出さないデバイスであれば、家庭で安全に使え、受け入れられやすいのではないかという着想が得られた。

アイデアおよび事業コンセプトは、親会社幹部やBCGのパートナーも参加する数回の投資委員会で評価された。これらの投資委員会を経て、事業コンセプトが練り上げられ、開発段階に進められた。

デバイスの開発は、プロトタイピングとピボットを速いスピードで繰り返しながら進められた。市場にフィットする製品をつくり上げるために、ユーザーのフィードバックを優先順位づけして製品に組み込んでいった。次から次へハードウェアのプロトタイプを100個くらい、アプリのデザインを20種くらい作成した。まさにアジャイル開発の典型例である。ユーザーの使い勝手がよく、科学的根拠があり、完全に安全で、中国人の嗜好に合うようにつくり込み、最終的に、人間工学に基づいた図表2-5のようなデバイスができ上がった。超音波接合により形成されたなめらかなボディに、指が滑らずにうまくはまる2つの耳のような突起を備えた洗練されたデザインで、世界の主要市場の素材、安全性、性能に関わる350の検査を通過した。

このデバイスとBluetooth LEでつながったスマホでデータをモバイル・アプリに送り、ユーザーは安全に胎児の心音を聞き、録音し、共有することができる。デイリー・ダッシュボードで胎児の発育、母体の症状、健康に関するヒント、フィットネスのアドバイス、双方向サーベイ、栄養面のガイダンスなど、妊娠中のケアや新生児の育児に関する情報が得られる。胎児の健康と発育に役立

図表2-5　Kaishiデバイス

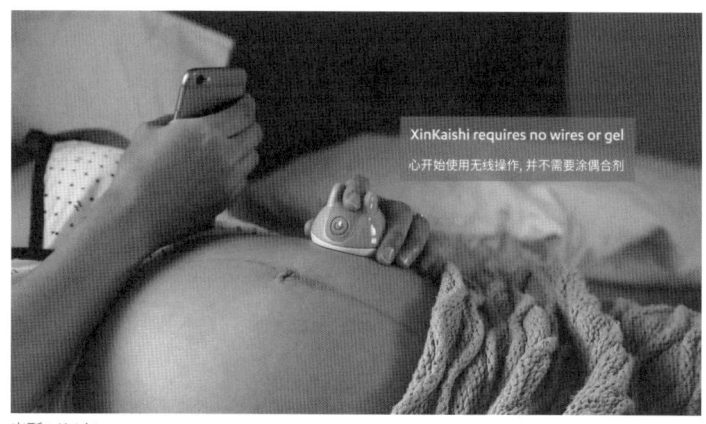

出所：Kaishi
©2016 Kaishi Pro. Ltd.

つ栄養面のアドバイスや充実したレシピにもアクセスできる。

　さらに、モバイル・アプリの中で、コミュニティ意識をより深く育むために、テーマ別のコミュニティをいくつかつくり、出産を控えた家族同士が耳を傾け、共有し、相互に学び合い、交流できるようにした。そして、他では得られない体験を提供するために、モバイル・アプリに赤ちゃんダイアリーの機能をつくり、妊娠中から子供が1歳になるまでのさまざまな体験を記録できるようにした。主な出来事、胎児の心音、赤ちゃんの身長・体重などを記録でき、SNSで共有できる。

　このサービスは、コンセプトができてからわずか9カ月後の2015年に中国で開始された。その後、10回以上バージョンアップを行ない、2016年半ばをメドに中国のより多くの大都市へ展開すべく準備を進めている。開発チームは、ひき続き改良を加えながら、次の展開を検討している。そして、この製品のアナリティクスとメッセージング・サービスにより収集した情報を活用して、革新的で魅力的な保険商品を開発し、顧客が最も必要なタイミングで提供することを目指している。

デジタル・トランスフォーメーション

　テクノロジーの加速度的な進化にともないデジタル化がもたらす可能性や経済性は常に変化し、突然新たな手法が出現したり、業界構造に急速な変化がもたらされたりする。企業は脅威と機会を見通して、デジタル・トランスフォーメーション（フルデジタル化の実現により競争優位性を生み出す構造変革）に取り組む必要がある。競争優位性を構築し持続するためには、戦略的視点で5〜10年後の「あるべき姿」を構想しつつ、スピーディーに結果を出す取り組みをいくつも積み重ねていかなければならない。

◉──デジタル・トランスフォーメーションの特徴

　デジタル・トランスフォーメーションでは、従来のITの取り組みとは異なる特徴的なアプローチをとる。
　従来のITロードマップは概ね、大型で長期的な打ち手を基本として、そこに少数のクイック・ヒット（短期間で成果が出る取り組み）を組み合わせるというアプローチで作成していた。これに対してデジタル・トランスフォーメーションでは、中長期に目指す姿のほぼすべてをクイック・ヒットの積み重ねとして定義する。**顧客、業務プロセス、システム**という3つの視点で意味のある最小単位をつくり、それをロードマップ上に並べていく。これにより短期間で成果を出し、価値を生み出していくのである。
　デジタル・トランスフォーメーションの実現には、いくつものプロジェクトや取り組みが必要となるが、大きく分けると次の6つの流れがある（図表2-6）。

①**ITコスト削減**：長い変革の旅路の原資を捻出するために、既存のITコストを見直し、不要なコストを削減する

　②〜④はビジネスの観点、⑤〜⑥はITの観点での変革である。

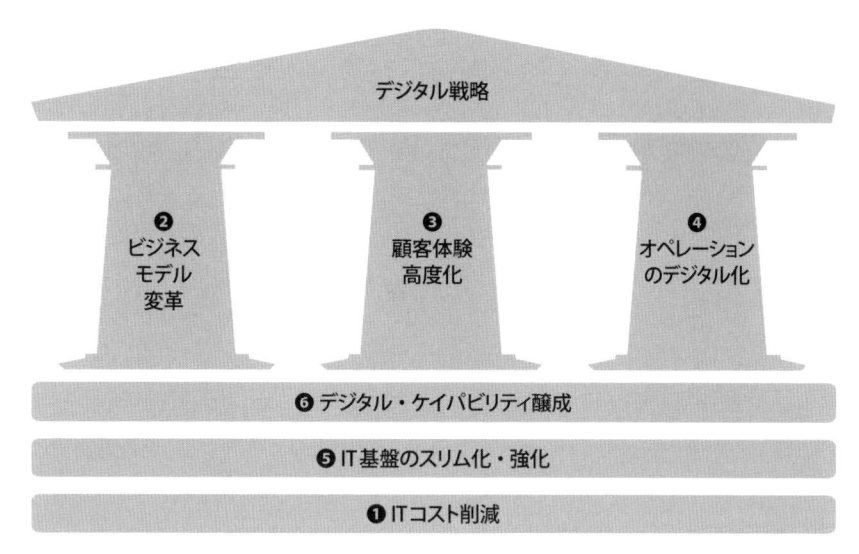

図表 2-6　デジタル・トランスフォーメーションの構成（例）

```
                        デジタル戦略
        ┌──────────┬──────────┬──────────┐
        │    ❷     │    ❸     │    ❹     │
        │ ビジネス   │ 顧客体験  │オペレーション│
        │  モデル    │  高度化   │ のデジタル化 │
        │   変革    │          │          │
        └──────────┴──────────┴──────────┘
           ❻ デジタル・ケイパビリティ醸成
           ❺ IT基盤のスリム化・強化
           ❶ ITコスト削減
```

©2016 The Boston Consulting Group

②デジタル化によるビジネスモデルの変革：製品の製造・販売というビジネスを、データを活用した保守サービスや金融サービスと一体化させたビジネスへと変換し進化させているGEなどが代表例

③顧客接点の顧客体験高度化：顧客接点を改良することにより、顧客にとっての利便性を格段に向上させる

④オペレーションのデジタル化：これによりビジネスのスピードや柔軟性を上げるとともに、コストを削減する。IT投資がともなうが、ここで削減できたコストは、その後の変革の原資として活用できる

⑤IT基盤のスリム化・強化：メインフレームなどで処理しているためにバッチ処理が多く、大きなタイムラグが発生している部分の処理を短縮するために、メインフレームの機能を小さくして、リアルタイム処理を増やしていく。加えて、顧客視点でのデータ、データベースを整備していく

⑥デジタル・ケイパビリティ醸成：従来のIT人材とは異なる、デジタル化で新たに必要となる人材を採用・育成する。たとえばデータ活用について深い知

識・経験のある人、ユーザーインターフェース（UI）やユーザーエクスペリアンス（UX）のデザインができる人、クラウドなど新興ITサービスの知見がある人、など

◉──企業の競争力向上にどう働くか

　では、デジタル・トランスフォーメーションの実現により、企業の競争力をどう高めることができるのだろうか。

　まずコストを大幅に削減できる。たとえば、この後の事例で紹介する保険業界では、概ね、前述の①ITコスト削減で2〜3割、④のオペレーションのデジタル化で2〜3割の削減が実現できる場合が多い。

　次に、顧客サービスのスピードを格段に向上できる。たとえば金融機関では、カードの再発行などの手続きは従来、1週間から2〜3週間かかるのが普通だったが、デジタル・トランスフォーメーションを行なう企業では、2日くらいに短縮することを目指している。

　第三に、今まで見えなかった顧客の動向が、デジタル・テクノロジーで押さえられるようになるため、ある特性をもった顧客層を切り出して、そこのお客様に最適なものを提供することができるようになる。すなわち、精度の高いセグメンテーションやターゲティングができる可能性が高まり、ビジネスモデルの変革や新たな商品・サービスの開発、新たなプライシング・モデルの導入などを発想・実現しやすくなる。たとえば、従来はすべての顧客に一律の価格体系を適用していたものを、あるセグメント向けにカスタマイズしたプライシング・モデルを導入するというようなことが可能になる。

　第四に、従来は経営者から見ると、ITの投資・コストもリターンもブラックボックスになっていたものが、投資・コスト、リターンの両面でわかりやすくなり、何のためにお金を使っているかという全体像が見えるようになる。これはマネジメントやガバナンスという観点で大きな進歩である。従来のIT投資は大きな塊の単位で行なわれるので、たとえば、何のためにデータベースを整備するのか、システムでもユーザー向けシステム、バック向けシステム、インフラのどれをどの程度整備するのか、といったことが不透明になりがちだった。

デジタル・トランスフォーメーションでは、投資や取り組みを目的ごとに小さな単位に因数分解して、優先順位をつけて組み立てていくため、透明性が高くなる。一方、成果という面でも、デジタル・トランスフォーメーションでは、アクションに対して顧客がどう行動したかというところまで情報を押さえるのが原則である。こういう新商品を出したら、消費者がこのように使い、こんな結果が出た。そのような反応や行動は当初の狙いに沿っているのか違っているのか。違っていた場合、顧客の使い方が想定と違ったのか、あるいは、そもそもターゲットやアプローチが違ったのか。トランスフォーメーション実施後には、そのようなことが見えるようになり、そこからPDCAをしっかり回せるようになる。こうして経営層が、経営という観点でITに関われるようになる基盤ができていくのである。

◉──実現に向けて乗り越えるべき課題

　デジタル・トランスフォーメーションを実現できれば、前述のようないくつもの側面で競争力を高めることができるが、実現するのは簡単なことではない。デジタル・トランスフォーメーションの内容や進め方は業界・企業によりさまざまだが、中には多くの企業がぶつかる共通の課題もある。それらを予め認識して打ち手を考えておくことで、実現の可能性や実行のスピードを確実に上げることができる。以下に代表的な課題をあげ、どのようにしたら乗り越えられるかを考えてみたい。

　たいていの企業がまずぶつかるのは、新しい商品・サービスやビジネスモデルをつくり出す場合に、既存の商品・サービスが成り立たなくなるのではないかという社内の抵抗にあうことである。

　保険の例では、自動車保険で運転距離が短い人の保険料を安くしようとすると、「元々、そういう顧客層から得られていたマージンで他を補完する構造になっていたために、全体の採算がとれなくなる」といった強い反対意見が出る。また、生命保険でも、リスクが細分化されていくと、従来はさまざまなリスク特性をもった顧客からの収入全体で保たれていたバランスが崩れ、収益性が悪化するという懸念が生じる。本来であれば、リスクの高い人、低い人、それぞれに

応じた商品・料金を提供してバランスがとれる形にもっていくのが理想だが、顧客を細かく分解して対応するにはコストもかかるので、どこまで踏み込むのかというジレンマがある。

このジレンマはどうしたら乗り越えられるか。

効果的な解決策のひとつは、新たにデータがとれるようになることで、今まで取り込めていなかった顧客層・ニーズを獲得できるようになる可能性も含めて、デジタル・トランスフォーメーション実現後のビジネスの構図をきっちり描き、それを達成しようという合意を形成することである。先ほどの保険の例であれば、従来はなかなか契約がとれなかった顧客層——たとえば、より単価が低いお客様や、よりリスクの高いお客様——に対して、より正確にアセスメントができるようになるため、より適切な条件・価格を提示でき、そうした市場を取り込める可能性が高くなる。

また、特定セグメントの既存顧客に対して、データを活用して何らかのサービスを付加することでリテンションを上げる、という戦い方もありうる。こうしたビジネス全体の構図を描いて組織横断で合意を形成することが、このジレンマを乗り越えるため、また改革が後戻りしないようにするために必要である。

2つ目の課題としてあげられるのが、前述の「目的ごとに小さな単位に因数分解してロードマップを組む」こと自体の難しさである。このようなロードマップを組むには、顧客、業務プロセス、システムという3つの視点で整合性をとった塊をつくっていく必要がある。しかし実際には、ユーザーから見ると「ここだけ変えたい」という要素が特定できても、他の2つとの間で整合性がとれない、あるいは、よけいに開発費用が上がることになるというケースも少なくない。こうしたケースでは、顧客視点で考えるのはもちろんのこと、オペレーション側での複数の関連部門の間での合意形成、さらにIT側での技術的検証、この3つを整えなければならない。

これを乗り越えるには、各部門を超えた一段上のレイヤーで最適な組み立てをする必要がある。具体的には、トップマネジメントに直結したPMO（プログラム・マネジメント・オフィス）のような機構が、横串を通して全体の整合性をとるのが望ましい。特に経営会議の規模が大きい企業では、デジタル・トランスフォーメーションに特化した意思決定をする専任コミッティーを別に設けたほう

がうまく進められる場合が多い。

3つ目の課題は、今見えているものだけから発想するのではなく、あるべき姿を描くために、社内のどこにどんなデータがあるかを、部門を超えて把握することである。さらに、データを出す側とデータを活用する側は、ほとんどの場合、異なる部門であるため、データを軸にした連携がうまくできるようインセンティブやルールを整えることも必要となる。

大企業の場合、データはさまざまな部署に散在していて、全部をわかっている人はほとんどいない。デジタル・トランスフォーメーションを実現するには、社内にあるデータやアセットを理解し、必要に応じ社内にないデータにアクセスする可能性も考えたうえで、それらを組み合わせて最もシンプルなオペレーションをデザインすることが肝要である。そのためには、部門を超えた、より上の全社的目線で、どこにどんなデータがあるかという全体像を押さえなければならない。トップマネジメントのコミットメントなど、何らかの強制力も使ってこれをやり切ることが求められる。

データを出す側と使う側の連携も、関係部署間だけで話していてもなかなか実現に漕ぎ着けられない場合が多い。金融機関の例をあげると、営業にとっては、お客様のライフイベント（結婚、出産など）を捉えて追加の提案をすることがアップセルにつながる可能性が高い。事務部門がお客様より住所変更の連絡を受けた際に、「結婚した」という情報を聞くことができるはずだが、効率性を求められている事務スタッフにとって、それをやるインセンティブは働かない。これはほんの一例だが、関係部門・スタッフの役割と評価にも手を入れないと、こうした連携は実現できない。

4つ目として、デジタルに限らずトランスフォーメーション全般に言えることだが、オペレーションの効率化にともなう従業員のリアロケーション（再配置）の問題があげられる。オペレーションをデジタル化することで従来より少ない人員で処理できるようになっても、そこで削減できる人員を、競争力向上に向けて投資する部署に再配置して、新たな部署で力を発揮してもらわなければ、最終的に効率化に成功したとは言えない。従業員の再配置までを一連のプランとして策定し、部門を超えた上のレイヤーで合意することではじめて前進できる。ただし、ここでよく出てくるのが能力のミスマッチという問題である。「長く事務に携

わってきた人を営業に異動させても、いきなり成果をあげられないでしょう」といったものだ。

　この種の問題に対しては、自社の人員構成を考慮して現実的な最適解を探求すべきである。保険会社で言えば、デジタル化による削減余地が大きいのは事務部門だが、実際には高齢化が進んでいる場合が多く、退職による自然減が進みつつある。そこで、新たな部門でも高いパフォーマンスをあげられそうな、意欲や能力の高い人を選んで限定的に異動させる。自然減と合わせると、数年内に人員が最適化される構図が描ける場合が多い。

　また、先進的金融機関の中には、総合職や地域総合職でより柔軟に毛色の違う業務を遂行できる人を他部門に異動させる一方、一般職の一部の人たちを、従来は総合職が担っていたリーダー的役割につかせ、結果としてスリム化していくというアプローチをとっているところもある。しかし現実には、これらの例とは逆の再配置をしてしまい、異動した従業員が異動先の業務に適応できない例がさまざまな業界の多くの企業で見られる。各部門の主義主張に左右されずに、前述のような経営トップに直結したコミティーが、自社の現実を客観的に分析・把握して、全体として最適な再配置を図るべきである。

◉──保険会社Ｂ社のデジタル・トランスフォーメーション

　ここからは、デジタル・テクノロジーを活用して全社的な構造改革を進めている保険会社Ｂ社の事例を紹介しよう。保険業界では国内外問わず、デジタル・トランスフォーメーションにより競争優位を構築しようとする動きが加速している。

　そうした中にあってＢ社は、競合他社に比べ劣っている部分のギャップを埋めるとともに、自社ならではのイノベーションを起こしていくことを目指して、デジタル・トランスフォーメーションを進めている。開始当初よりBCGがPMO的役割を中心に全般にわたりお手伝いしている。

　Ｂ社でもまず、長い変革の旅の原資を捻出するためにITコスト削減からスタートした。開発コストは、開発対象の妥当性やビジネスニーズなどの監査にかなりの時間が必要となるので、今回の対象からは外し、IT全体のコストの半分程度

を占める運用コストの削減に焦点を絞った。ベンチマークを活用して削減余地を明らかにし、それをもとに各ベンダーと交渉していくというアプローチを軸に進めた。ベンチマークにはBCGがもっているベンチマーク結果と、B社社内のベンチマークを併用した。社内のベンチマークでは、同じものを定期的に購入している場合の価格を比較した。時期により購入価格が上下している場合が多く、それを最低水準に合わせるようにもっていく。概ね、「購入価格×◯％」という形で運用コストがかかっているので、購入価格を最低水準に下げられれば、運用コストも下げることができる。さらに、契約更改の際の交渉でも工夫を加えた。これらの合計で、半年から1年の間にIT運用コストの10〜20％程度、金額で言うと年数十億円の削減を実現できた。

次に、既存事業のIT基盤について投資をして、整備すべき領域を特定し優先順位づけをした。IT基盤整備は大型投資が必要なので、どのビジネス領域の基盤を直すと一番効果が高いか、あるいは、やらないと競争力が著しく低下するのはどこか、を特定した。

ここでは、ベンチマークをもとに、自社と競合との間にどんなギャップがあるか、を見ていった。ベンチマークは2種類行ない、ひとつは保険業界の競合企業、もうひとつは保険業界の外のアマゾンなどの企業を対象とした。同業界内の企業と比べることは最低限必要だが、それだけでは根本的な改善機会を見出すのは難しいからだ。保険業界の外の、デジタルの世界の顧客インターフェースで成功している企業が、具体的にどんな価値を実現しているか、どんなスピード感やフレキシビリティを実現しているか、どんなシステム基盤でそれらを実現しているのか、どんな体制でシステムを開発しているのか。そういう視点でベンチマークを徹底して行なった。これらの分析をもとに議論した結果、営業・マーケティング系のシステム基盤に最優先で投資をするという意思決定がトップマネジメントレベルでなされた。

営業・マーケティング系システムの基盤強化とは、営業・新契約事務（自動査定を含む）をフルデジタル化して、オペレーション・プロセスを継続的に改善し、生産性を高めていくものである。この一環として、顧客データについても、ビジネスの戦略的方向性と結びつけた議論を、営業、マーケティング、事務、ITの役員・部長クラスが参加するワークショップで行ない、意識合わせをした。

大きな論点のひとつが、既存顧客、見込み顧客、新規顧客をどう位置づけ、それぞれどういう情報をとって、どう管理していくのか、ということだった。B社では日頃、「新規顧客をとれ」と叫ばれることが多く、業績評価や表彰などでも新規顧客獲得が最も重視されていた。しかし、社内データの分析から、実は、既存顧客への重ね売りからの収益が大きなウェイトを占めており、ここに意識的に注力すれば、大きく価値を上げられる可能性が高いことがわかった。たとえばライフイベントがあったときにすぐに売りに行けるような仕組みを整えれば、アップセルの可能性が高まる。これには、従来はうまくできていなかった事務部門との連携が必要である。こうした議論をこのワークショップで行ない、合意を形成した。そして、効果的にデータがとれるようITシステムを整備するとともに、関連部門スタッフのKPI（重要業績評価指標）や評価、インセンティブまで含めて見直しを行なった。

　既存事業のIT基盤については、他にも改善すべき領域がいくつもあった。そこで、営業・マーケティング系以外の領域については、一定の予算枠の中で、特に顧客視点で価値の高いものを、優先順位をつけてやっていくことにした。すべてを同時に変えるのは資金や人のリソースが大量に必要になるうえに、計画を立てるだけで膨大な時間がかかってしまう。メリハリをつけて、比較的短期間で実現できる塊に切ってプランを立てていった。その中で最も優先順位の高いテーマが、「顧客インターフェースの改善・高度化」だった。ここではアジャイル型開発手法を取り入れ、望ましい機能を一度にまとめて実現するのではなく、部分的に切り分けて、短期間でお客様の目に見える効果を出すということを積み上げていった。

　B社ではさらに、将来の周辺領域での新サービス展開（たとえば健康・医療領域）に向けたデータ基盤の整備についても検討を始めている。こうした分野については、ビジネスサイドでパートナリングを含めた検討が進められている。それと並行してIT側でも、必要となるデータのうち自社内で保有していないものを外からどうやって入手するか、入手したデータをどのようにつなげるか、自社のどんなデータが新領域で活用できそうか、といった視点での研究に取り組んでいる。具体的な打ち手は、デジタル・トランスフォーメーションの次の段階に組み込んでいく計画である。

このような一連のトランスフォーメーションを実現するには、従来とは異質の人材の育成や組織能力の構築が必要となる。たとえば、顧客データベースを活用した高度なターゲティングやクロスセル、アップセルにはデータの世界に強い人材が必要となる。アジャイル型開発には、新たなプロジェクトマネジメントができる人材が求められる。B社では、「IT組織・人材プロジェクト」を並行して進め、核となる人材の採用・育成と体制・組織能力構築に取り組んでいる。必要な打ち手が迅速に実行され、デジタル・トランスフォーメーションの実際の活動の中で日々、人材が育っている。

　ここまでデジタル・トランスフォーメーションについて解説してきたが、実際には、デジタル・トランスフォーメーションにより実現できる根本的な変化や競争優位性が十分理解されていないために、こうした取り組みへの踏み出しが弱い企業が実に多い。そうした企業では、デジタル・トランスフォーメーションがスタートできない、スタートしても実現できない。これこそが、最も重要な潜在的課題ではないかとBCGでは考えている。

　経営トップ自身の理解が足りない場合もあれば、経営トップにそういう思いがあっても経営層が一枚岩になっていないために「総論賛成、各論反対」で進まなくなる場合もある。デジタル化による経営の非連続な変化に対する経営者、経営層の理解を深めることこそが、デジタル・トランスフォーメーションにより競争優位を築くために不可欠な最初の一歩なのである。

デジタル・マーケティングの最適化

●──「正しい人に、正しいコンテンツを、正しいタイミングで」訴求する

　デジタル・テクノロジーの進化はマーケティングの世界も大きく変えようとしている。デジタル・マーケティングを活用することで、正しいユーザーに、正し

図表2-7　デジタルを活用することで、正しい人に、正しいコンテンツを、正しいタイミングで訴求できるようになる

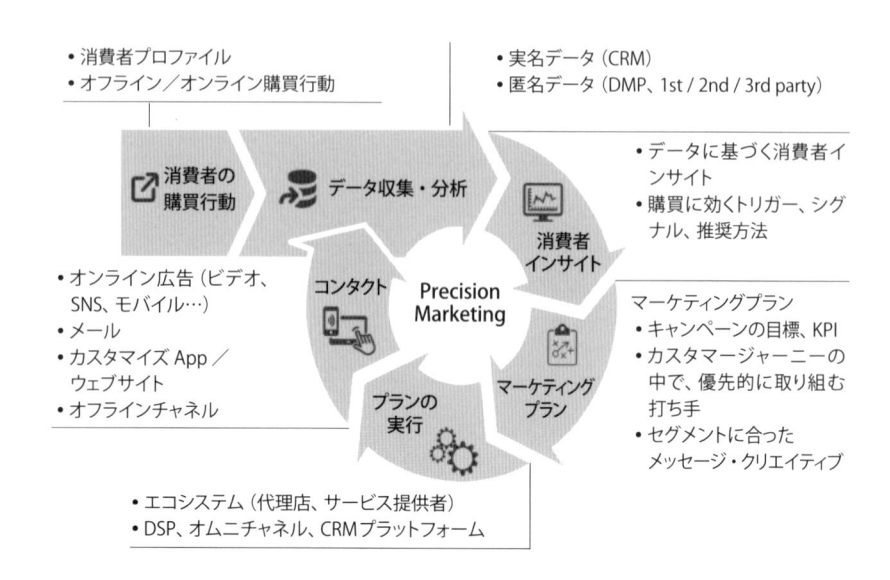

- 消費者プロファイル
- オフライン／オンライン購買行動

- 実名データ（CRM）
- 匿名データ（DMP、1st／2nd／3rd party）

- データに基づく消費者インサイト
- 購買に効くトリガー、シグナル、推奨方法

【図中】
消費者の購買行動 → データ収集・分析 → 消費者インサイト → マーケティングプラン → プランの実行 → コンタクト（Precision Marketing）

- オンライン広告（ビデオ、SNS、モバイル…）
- メール
- カスタマイズApp／ウェブサイト
- オフラインチャネル

- マーケティングプラン
- キャンペーンの目標、KPI
- カスタマージャーニーの中で、優先的に取り組む打ち手
- セグメントに合ったメッセージ・クリエイティブ

- エコシステム（代理店、サービス提供者）
- DSP、オムニチャネル、CRMプラットフォーム

©2016 The Boston Consulting Group

　いコンテンツを、正しいタイミングで訴求するという、長年マーケターが熱望してきたことが実現できる可能性が高まっている。図表2-7に示すように、消費者の購買行動の把握、データ収集・分析、消費者インサイト、マーケティングプラン、プランの実行、ユーザーへのコンタクトというマーケティング・サイクルの各段階で、以前とは異なる次元の可能性が広がっている。

　こうした可能性を現実のものとして手に入れるべく、世界的にデジタル・マーケティングへの支出が急拡大している。しかし実際には、その可能性がフルに発揮されているとは言い難い。先進的消費財企業でも、経営幹部はその費用対効果にさまざまな懸念を抱き、いかにして費用の無駄をなくすとともに売上げ・収益への効果を拡大するかに頭を悩ませている。

　中でもデジタル広告はさまざまなアドテクノロジーの出現により急速に進化し、多くの企業が活用している。図表2-8に示すように多様なアドテクが活用できるようになっており、それらを適切に組み合わせることで効果・効率を最大化

図表2-8 さまざまなアドテクを適切に組み合わせることで、効果・効率を最大化する

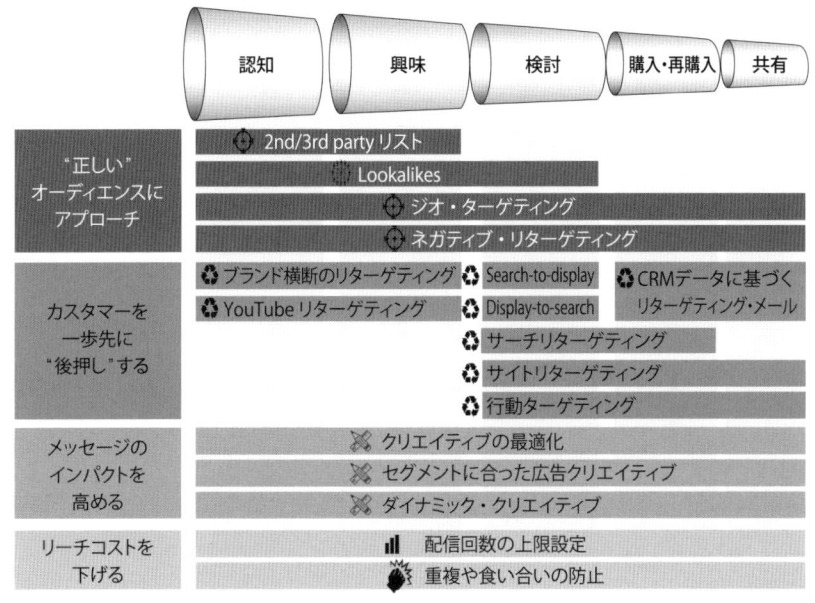

	認知	興味	検討	購入・再購入	共有
"正しい"オーディエンスにアプローチ	2nd/3rd party リスト				
	Lookalikes				
		ジオ・ターゲティング			
		ネガティブ・リターゲティング			
カスタマーを一歩先に"後押し"する	ブランド横断のリターゲティング		Search-to-display	CRMデータに基づくリターゲティング・メール	
	YouTube リターゲティング		Display-to-search		
			サーチリターゲティング		
			サイトリターゲティング		
			行動ターゲティング		
メッセージのインパクトを高める		クリエイティブの最適化			
		セグメントに合った広告クリエイティブ			
		ダイナミック・クリエイティブ			
リーチコストを下げる		配信回数の上限設定			
		重複や食い合いの防止			

©2016 The Boston Consulting Group

することができる。

　実際、消費者向けビジネスを営む先進グローバル企業は、広告費におけるデジタル（ペイドサーチ、SNS、モバイル、その他オンライン・マーケティング）の比率を高めている。一般消費財（食品、日用品等）業界の先進グローバル企業は広告費の30～45％程度をデジタルに費やしている（2014年時点）。これに比べて日本では、大手一般消費財企業でも10％内外といったところだろう。ただし、これら先進的グローバル企業でも、アドテクを使いこなせている広告主はほとんどいないのが実態である。

　現状ではキャンペーン費用の実に30％以上が無駄になっていると見られる。複雑なアドテクをきちんと使いこなしてキャンペーンごとの費用対効果を高めるには高度な最適化が求められる。

　BCGでは2014年に、デジタル広告の真価が十分発揮されていない現状に問題意識をもったグーグルの委託を受け、その潜在的可能性を実現し、投資対効

果を改善するにはどうすればよいかについて研究を行なった。異なる業界（消費財、自動車、金融、情報サービス）の先進グローバル企業5社に対して実証的研究を行ない、新手法を導入したパイロット・キャンペーンでは、CPA（コスト・パー・アクション、顧客獲得あるいは成果1件当たりのコスト）を平均32％改善できた。中には約50％改善できたケースもあった（この研究について詳しくは、以下のBCG Reportをご参照ください。https://www.bcgperspectives.com/content/articles/marketing_digital_economy_improving_engagement_performance_digital_display_advertising/）。

そして、この研究を発展させて多くの企業でデジタル・マーケティングのパフォーマンスを大幅に向上できる手法を開発した。すでに一般消費財、航空、自動車、小売、金融、通信など幅広い業界の企業で導入され、めざましい成果が出ている。以下に、複数の企業の事例をもとに、この新手法の一端を紹介したい。

●──グローバル大手B2C企業のデジタルマーケティング・トランスフォーメーション

消費者のメディアとの接触のしかたが大きく変わる中で、カスタマージャーニー（消費者が商品・ブランドを認知し、関心をもち、購入・利用に至るまでにたどるプロセス）におけるデジタルチャネルの重要性がますます高まっている。

以下にいくつかのグローバル大手B2C企業の例を紹介するが、これらの企業もデジタル・マーケティングの重要性を認識し、すでに大量のデジタル・キャンペーンを行なっていた。これらの企業は、次々登場する新しいテクノロジーや手法も多く利用し、デジタル広告の支出額は世界トップクラスとなっていた。

ただ、各社ともデジタル・マーケティングを自社主導で行ないたいと考えてはいたが、実態はほぼ代理店任せで、何がどう自社の商品の認知や購買、リピート、ブランド力向上に効くのか理解できているとはいえなかった。多くのブランド・地域で代理店の推奨する手法で度々キャンペーンを行ない、支出はどんどんふくらんでいた。

こうした中でこれらの企業の経営陣は、BCGの支援を受けてデジタル・マーケティングの現状を診断し、最適化を図るプロジェクトを実施することにした。

各社の状況はもちろん異なるが、プロジェクトの大きな目的はほぼ共通していた。ひとつは精度の高いデジタル・マーケティングを実践できるようにすること、もうひとつは、組織として継続的に実行できる体制・プロセスを構築すること、である。

パイロットでPDCAを素早く回す

各社のプロジェクトは、パイロット・キャンペーンを実施してPDCAサイクルを高頻度で回しつつ、デジタル・マーケティングを最適化するとともに組織の実行力を高めるという、実践的なアプローチをとった。BCGがプログラム全般を主導するとともに、パイロットのPMOの役割を担い、代理店やアドテク・ベンダーとも密に協働した。

プロジェクトは次の4つのステップで進められた。

①パイロット・キャンペーンをセットアップ
②パイロット・キャンペーンを実施して、効果を検証し示唆を抽出
③ベストプラクティスをまとめてプレイブックを作成
④自律的に継続できるよう、オペレーティングモデルを整備

パイロットを通じてインパクトの大きい改善機会がいくつも発見され、パイロット・キャンペーンを素早く回す中で改善策を試し、検証し、効果的な打ち手を練り上げていった。以下に多くの企業に共通して見られた改善機会と、それに対する打ち手をいくつか紹介しよう。

RTBの積極活用によりリーチの拡大と質のコントロールを実現

この種のプロジェクトを実施した企業の多くで大きな改善余地が見出されたのが、リアルタイムビディング（RTB）の活用のしかたであった。RTBとは、広告のインプレッション（表示）が発生するたびに自動的に広告枠の競争入札を行ない、配信する広告を決定する方式である。従来型の買い付けでは、「ある一定期間にこの枠に出してください」という形で媒体と契約するのに対し、RTBでは、広告を出稿すべき条件を指定して、その条件を満たすインプレッションごとに自

動的に入札が行なわれ、よい条件を提示した広告主が落札する。落札した広告主の広告がその枠に表示され、課金もインプレッション単位で行なわれる。的確にターゲットを定めてRTBを活用すれば、コスト効率よくリーチを拡大できる。

RTBを利用している企業は多いが、実際はその利点を十分活かしきれていない企業が多い。パイロットを行なったいくつもの企業で、RTBをより積極的に活用することにより、オーディエンスを5〜6倍に拡大することができた。

ただし、RTBを効果的に行なうには、ターゲティングを的確に行なう必要がある。リーチを拡大するには、ファーストパーティ・データ（自社サイトが発行したクッキーのデータ）に加え、自社商品に興味をもちそうなユーザーをカバーしていると思われるサードパーティ・データ（自社サイト以外のドメインが発行したクッキーのデータ）を有料で入手して、両者を組み合わせて使う場合が多い。膨大なサードパーティ・データについて、広告を出すべき「ホワイトリスト」と、出すべきでない「ブラックリスト」の仕分けを的確に行ない、効果の上がるユーザーにうまく当てるよう工夫していく必要がある。

カスタマージャーニーのステージごとにカスタマイズしたアプローチを展開

デジタル・マーケティングをうまく使えば、特定セグメントや個人に狭く深く狙いを定めたアプローチが可能になるはずである。しかし実際には、マス媒体と同様のデモグラフィック属性（年齢、性別、居住地域、収入レベル、職業など）によるターゲティングしか行なわれておらず、デジタルの特性が活かされていないケースが多くの企業で見られる。

マーケティングの先進企業として知られるある大手化粧品会社でも、大きな改善機会が見出された。パイロットを行なう中で、「カスタマージャーニーのどのステージにいるか」に応じてカスタマイズした打ち手をとることで、コンバージョン率（商品購入や資料請求などの最終成果に至る割合）が上がることがわかったのである。女性向け香水であれば、図表2-9に示すように、たとえばブランド認知の段階にいる「乗り換え好きなユーザー」、リサーチ段階にいる「何を買うべきかわからないギフト検討者」、購入段階にいる「決めきれないギフト検討者」、再購入段階にいる「実利重視のユーザー」、といったユーザー像が考えられ、ステージごとにユーザーの関心は異なる。

図表2-9　カスタマージャーニーのステージに着目

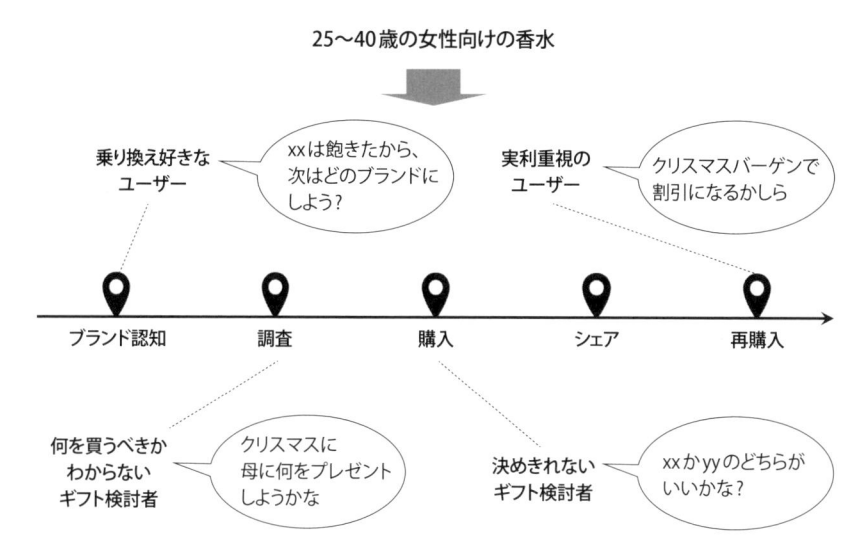

25〜40歳の女性向けの香水

- 乗り換え好きなユーザー：「xxは飽きたから、次はどのブランドにしよう？」
- 実利重視のユーザー：「クリスマスバーゲンで割引になるかしら」

ステージ： ブランド認知 → 調査 → 購入 → シェア → 再購入

- 何を買うべきかわからないギフト検討者：「クリスマスに母に何をプレゼントしようかな」
- 決めきれないギフト検討者：「xxかyyのどちらがいいかな？」

出所：BCG分析
©2016 The Boston Consulting Group

　そこで、ステージごとに、「ターゲットをどこで見つけられるか」、そして、「それぞれのセグメントに対してどんな打ち手が有効か」を検討し、パイロット・キャンペーンで検証した。その結果、それぞれの段階にどんな打ち手が有効かがわかり、それを拡大展開した。

　たとえば、乗り換え好きなユーザーは、「次はどの香水にしようかなぁ」と思っているところで、自社ブランドサイトを訪れるには至っておらず、来てくれるかどうかもわからない。こうしたユーザーは早い段階でつかまえることが重要であり、また、サンプル・トライアルが有効な場合が多い。中には、香水に関連したウェブや、化粧品に関する人気ブロガーのサイトなどを訪れている人もけっこういるはずである。そこで、こうしたサイトに「サンプル／トライアル」と表示した広告を出し、サンプル送付先入力や店舗検索の画面へと誘導することにした。

　また、決めきれないギフト検討者は、自社ブランドの香水の「○○か、□□か、△△か、どれがいいかなぁ」というところまで気持ちが固まりかけているが、どれを買うか、決めきれないでいる。彼ら／彼女らはたいてい、自社ブランドの

図表2-10　カスタマージャーニーに沿って、適切なKPIを設定

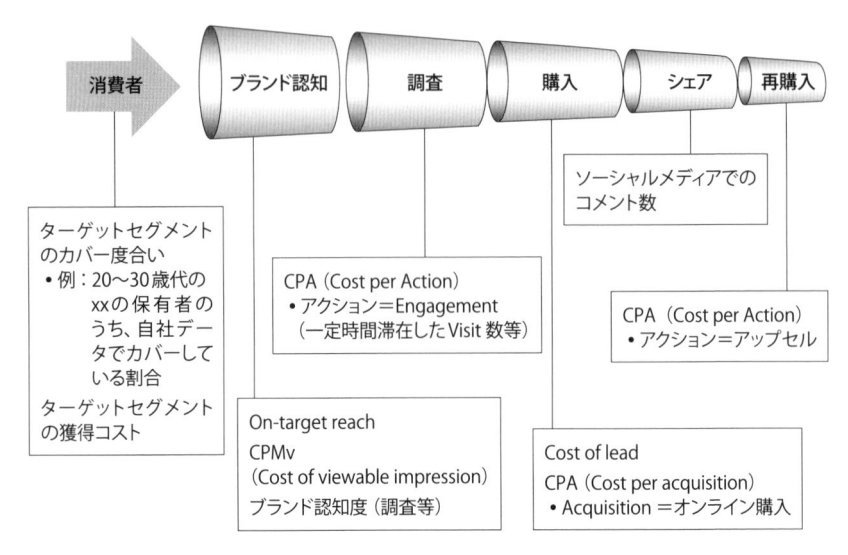

消費者 → ブランド認知 → 調査 → 購入 → シェア → 再購入

【ブランド認知】
- ターゲットセグメントのカバー度合い
  - 例：20〜30歳代のxxの保有者のうち、自社データでカバーしている割合
- ターゲットセグメントの獲得コスト

【調査】
- CPA（Cost per Action）
  - アクション＝Engagement（一定時間滞在したVisit数等）
- On-target reach
- CPMv（Cost of viewable impression）
- ブランド認知度（調査等）

【購入】
- Cost of lead
- CPA（Cost per acquisition）
  - Acquisition＝オンライン購入

【シェア】
- ソーシャルメディアでのコメント数

【再購入】
- CPA（Cost per Action）
  - アクション＝アップセル

出所：BCG分析
©2016 The Boston Consulting Group

公式サイトを訪れていたり、YouTubeのブランド公式ビデオを見ていたりする。

しかし、このまま何の働きかけもしないと、買わずに興味が移ってしまうかもしれない。ここで、自社サイトやブランド公式ビデオを掲載したサイトに、「クリスマスのプレゼントにどうですか」などと表示した広告を出して商品購入サイトへのリンクをはれば、最後の一押しができる可能性が高い。こんな具合にカスタマージャーニーのステージごとにカスタマイズした打ち手をとるよう変更した結果、コンバージョン率を30％以上改善できた。

適切なKPIを設定

デジタル・マーケティングでは、ユーザーの購買行動に応じたさまざまなデータを豊富にとることができ、それらをうまく使えば、より有効な打ち手につなげられるはずである。しかし実際には、多くの企業が購買に何が効いているのか解明できず、効果検証が難しいと感じ、この壁を乗り越えられずにいる。

図表2-10に示したのは、BCGが支援したあるB2C企業のKPI体系の例であ

図表2-11　KPI設定に当たり陥りやすいワナ

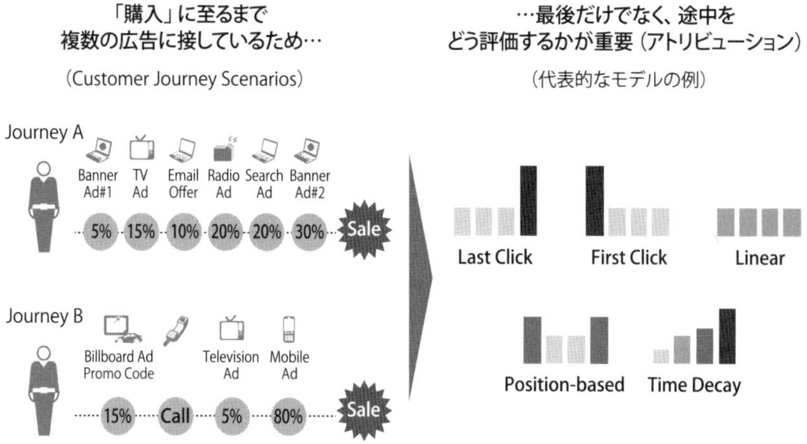

「購入」に至るまで複数の広告に接しているため…
（Customer Journey Scenarios）

…最後だけでなく、途中をどう評価するかが重要（アトリビューション）
（代表的なモデルの例）

Journey A
Banner Ad#1 / TV Ad / Email Offer / Radio Ad / Search Ad / Banner Ad#2
5% / 15% / 10% / 20% / 20% / 30% → Sale

Journey B
Billboard Ad Promo Code / Television Ad / Mobile Ad
15% / Call / 5% / 80% → Sale

Last Click　First Click　Linear
Position-based　Time Decay

出所：BCG分析
©2016 The Boston Consulting Group

る。カスタマージャーニーに沿って、ステージごとに、実際に効果が出ているかどうかを知るにはどんな指標で測定すればよいかを特定して、適切なKPIを設定している。

　でき上がったKPI体系を見ると当たり前に見えるかもしれないが、何がどれだけ購買に貢献するかを評価する体系をつくるのはたやすいことではない。やってしまいがちな誤りとして、購入に効いているのは最後のステップだと考えて、最後のステップの指標だけを見るパターンがあげられる。実際は、個々の消費者は購入に至るまで複数の広告・販促に接しており、それより手前の段階の広告や活動が大きく影響している場合が多い（図表2-11）。最後だけを見るのは、サッカーにたとえると「ごっつあんゴール」を量産するFWだけを高く評価するようなものである。途中段階の広告・活動をどう評価するかが重要である。

　また、デジタル・マーケティングはオンライン販売だけに効くわけではない。デジタル広告で商品に魅力を感じた消費者が店頭で購入する場合や、消費者がネット上で購入前のリサーチをする場合も多くある。ただ、デジタル広告が店頭販売に与えるインパクトを評価するのは難しい（あるいは不可能）という声をよ

く聞く。難しいのは確かだが、テストキャンペーンでA／Bテスト（2つの施策を比較検討するテスト）を繰り返すことで、何が効いているのかを分析することはある程度可能である。

　たとえばA対照群のユーザーにはデジタル広告を配信しない、B実験群にはデジタル広告を配信する、その他の条件は両群とも同じに設定し、購入頻度、顧客数、購入単価などをA群とB群で比較する。現在では日本国内でも店頭販売への影響を測定するためのパネルが整備されており、活用できるようになっている。こうした分析をしたうえで店頭販売への影響も含めて評価することが重要である。

代理店丸投げを脱し、コア・プロセスを内製化

　デジタル・マーケティングを多く利用している企業でも、実態は代理店にほぼ丸投げという場合が多い。代理店に丸投げしていると、データやノウハウが社内に蓄積できず、効果検証も代理店任せになってしまう。それでは、マーケティングの質や費用対効果を高めることも、社内の組織能力を向上させることも望めない。代理店側はと言えば、目先の出稿量を増やすことを最優先に考える傾向があり、質の向上は後回しになりがちである。しかも、一度丸投げしてしまうと、抜け出すのは難しくなる。経営層から見ると、支出はどんどん増えていくが、適正な効果が出ているのかどうかさえわからないブラックボックス化した状況が続くことになる。

　こうした状況を打破するための第一歩は、広告主の投資がバリューチェーン上の各プレーヤーにどう配分されているかを分析して、何に対してどれだけ支払っているのかを理解することである。この分析は、プロセスをどこまで内製化するかを決めるうえでの判断材料になる。

　また、代理店のレポートを鵜呑みにするのではなく、その裏にある実態に切り込んでいかなければ、投資対効果を把握し、向上させていくことはできない。たとえば代理店が作成したキャンペーンレポートに、「インプレッション数が向上した」と記してある場合でも、検証すると、実際は意味がなかったり逆効果になったりしている例が多くの企業で見られる。

　よく見られる例を2つ紹介しよう。ひとつは、リターゲティングで回数多く出

図表2-12　広告費の30～40%が効果の低い"出し過ぎ"広告に費やされていた

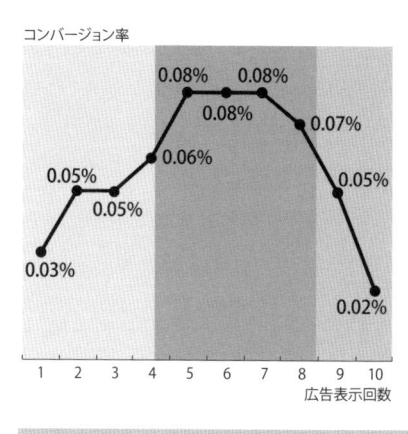

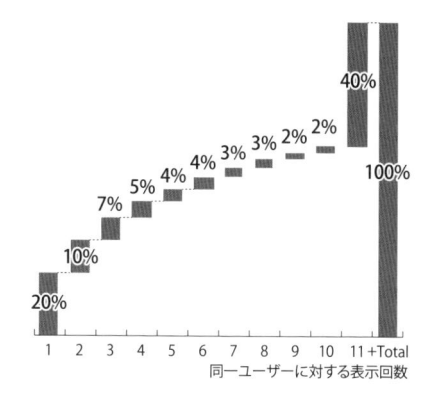

広告表示を8～10回すると、ユーザーは広告疲労を起こし、コンバージョン率が低下…

コンバージョン率

広告表示回数	コンバージョン率
1	0.03%
2	0.05%
3	0.05%
4	0.06%
5	0.08%
6	0.08%
7	0.08%
8	0.07%
9	0.05%
10	0.02%

…一方、全出稿の4割近くが10回以上表示

同一ユーザーに対する表示回数

回数	割合
1	20%
2	10%
3	7%
4	5%
5	4%
6	4%
7	3%
8	3%
9	2%
10	2%
11+	40%
Total	100%

頻度（出し過ぎ）に上限を設定することで、30～40%の無駄な費用を削減できた

出所：BCG分析
©2016 The Boston Consulting Group

しすぎると効果が大幅に低減することである。ある企業では、図表2-12の左側の図のように、ある一定の回数以上はコンバージョン率が著しく低下し、かなりの量の広告が無駄打ちされていることがわかった。インプレッションごとに課金されているが、右側の図にあるように全出稿の4割以上が、効果がきわめて低い10回以上の表示だった。この企業に限らず、多くの企業で、広告露出の上限回数を定めることで、無駄な費用を3～4割削減できた。

　もうひとつの例は、表示されていても、実際にはユーザーに見られていないケースだ。たとえば画面をスクロールしないと見えないような場所に広告が表示されているために、実際にはほとんど見られていない。あるいは、同じページに複数の広告が表示されているケースでは、下のほうの広告に目を向ける人はめったにいない。こうした効果の低い出稿ももちろん課金され、代理店のレポートのインプレッション数に含まれている。ここにあげたのはほんの一例だが、代理店のレポートのあちこちにこの種のワナが潜んでいる。

さらに、代理店に丸投げしていると、マネジメントサイクルが長くなりがちである。たとえば月次でレポートが出てきて、指標の数値が悪化しているのがわかっても、対策をとるまで時間がかかりすぎる。デジタル化した世界では、少なくとも週次でPDCAを回していく必要がある。これも、コア・プロセスを内製化してこそ可能になる。社内で、常にトラッキングすべき指標をきちんとチェックして、改善や悪化の原因を探り、代理店に打ち手の修正を指示し、その結果をまた検証し……ということを短期間で繰り返していく。そういうサイクルを社内でつくり上げ、組織能力を蓄積していかなければならない。

プレイブックの作成とオペレーティングモデルの整備

パイロットを通じてつくり上げられたベストプラクティスやノウハウは、組織内で広く共有し、実行・展開できるような状態にしていかなければならない。BCGがお手伝いする場合には、パイロット終了後に全社展開に向けて、必要なツールとプレイブックを作成するとともに、トレーニングを立案し実施する。ベストプラクティスを組織的に継続して実行するために、実際の業務で使うツール・テンプレート類も整備する。

さらに、代理店や多数のアドテク・ベンダーとの協業のしかたを整理し、最適かつ簡潔なオペレーティングモデルを策定する。前述のように、ほぼすべてアウトソースしていたモデルを見直し、重要なプロセスは内製化することが、ここでのカギとなる。代理店には本来の機能をきちんと担ってもらう一方、データは開示し広告主が活用できるようにする。代理店の推奨により起用していた多くのアドテク・ベンダーも評価して、どこを活用して、どのような発注のしかたをし、どうコントロールしていくのがよいかを整理する。社内体制についても、各ブランド（あるいは事業部など）と、事務局のような役割で横串を通す本部チームの役割を再定義する。

デジタル・マーケティングでは、テクノロジーが高速で進化し頻繁に新たな技術・手法が出現するため、これらの仕組みや体制も継続的に見直しをしていく必要がある。

以上、デジタル・マーケティングを最適化するアプローチの一端を紹介した

が、正しい体制・プロセスを組み、着実かつ迅速にこうしたPDCAを回していけば、デジタル本来の可能性を実現していくことができる。

デジタル・マーケティングの成功には、コアなプロセスを内製化して組織能力を蓄積し、素早く失敗し改善することを良しとする"Test & Learn"の風土を醸成するトランスフォーメーションが求められるのである。

BCGからのメッセージ

新規事業づくり自体は特に真新しい話ではない。どの企業も大なり小なりのイノベーションを積み重ねて今日がある。しかし、成り立ちがデジタルネイティブでない企業にとって、デジタルで新規事業を興そうするときには留意が必要である。スピード感、ポートフォリオの考え方、投資観、推進体制や方法、土壌づくりや文化、価値基準、そのどれもが違う。一方でデジタルネイティブなジャイアントは業種やリアル・デジタルの垣根を越え、どの会社にとっても無視し得ない存在となっており、新しい戦い方を早急に身につける必要がある。BCGDVのような存在がその一助になれば幸いである。

BCGデジタルベンチャーズ パートナー　平井 陽一朗

BCGでは、デジタルによる変革を戦略構築から実行、組織能力向上まで一貫して支援するために、多様なエキスパート部隊を組織している――ITアーキテクチャ・デザインのPlatinion、データ・アナリティクスのGAMMA、外部パートナーとの提携（ソフトウェア解析のNICE、データ分析のMu Sigma、等）など。そして、テクノロジー・アドバンテージという専門グループがこれらをオーケストラのように編成して、クライアントとともに変革に取り組んでいる。本章で紹介したケースもこうして生み出された。

BCGがデジタルの世界で皆様にどのような新たな付加価値を提供できるか、そのような議論の場を多くもてれば幸いである。

BCGパートナー　高部 陽平

メディア接触や購買・消費行動が変化・多様化していく中、デジタルを活用

してマーケティングやCRMを高度化していくのは必然ともいえる流れです。周回遅れの感があった日本においても、ここに来て一気に広まる兆しが見えています。

BCG パートナー　森田 章

第3章
ビジネスモデル・イノベーション
――大企業ならではの強みを活かす

大企業はビジネスモデルにこそ
イノベーションが必要だ

　アップルが2000年代初頭より、iPod、iTunes、iPhoneという一連の新製品・サービスにより実現したイノベーションは、単なるプロダクト・イノベーションではない。製品レベルのイノベーションに加え、顧客に新たな体験と価値を提供し、大きな市場を創造した。この成功の最大の要因は、同社が音楽配信という新規事業を実行できるビジネスモデルを構築したことにある。音楽業界が何年かかってもできなかったビジネスモデルを、コンピュータメーカーが実現してしまったのだ。

　最近の環境変化の中でそのアップルもさらなる進化を求められているが、多くの企業が、アップルのようにビジネスモデルのイノベーション（以下、ビジネスモデル・イノベーションとする）を成し遂げて、新たな成長への糧を得たいと考えている。業界構造の頻繁な変化によるビジネスモデルの短命化、新たなグローバル競合企業の台頭、資産や活動の低コスト国への移管などの要因があいまって、経営環境の変化はスピードを増すばかりである。このスピードを凌駕する勢いで実験と試行錯誤を繰り返し、自らのビジネスモデルを変革し続けない限り、企業が生き残る道はない。

　ただし、これは簡単ではない。ビジネスモデル・イノベーションで堅固な競争優位を構築するためには、新たなモデルを考案する優れた洞察だけでなく、そのモデルを系統的に磨き上げ、バリューチェーンの端から端まで徹底的に実行できるようマネジメントすることが求められる。

　これまでイノベーションと言えば、若いテクノロジー系企業やITベンチャーの専売特許のように考えられ、既存の大企業はイノベーションから最も遠い存在と思われてきた。実際、規模の大きさや慎重な経営姿勢がイノベーション促進の足かせとなり、多くの大企業は、劇的な変化から取り残されるという危機感の中にある。社内でイノベーションの重要性が繰り返し唱えられ、部門横断的なチームを結成し、新たな事業領域の創出に乗り出すものの、アイデアが斬新であれば

あるほど社内で抵抗にあい、その試みは企画検討段階を抜けられず、新規事業「案」で終わる。膨大な稟議の末に何とか着手まで漕ぎ着けたとしても、その間に案件は斬新さや機動力を削ぎ落とされ、結局、時代遅れの緩慢な変化しか起こせない。こうした事態が、多くの大企業で繰り返されてきたのではないだろうか。

しかし、環境が大きく変化し、ビジネスの構造そのものが変わっているのであり、その中で競争原理も競争相手も変化している。その変化についていけないのであれば、縮小均衡さえ楽観論と言わざるを得ず、大企業といえども市場を失うリスクも十分にありうる。

ここで大企業の経営を脅かす3つの変化を押さえておこう。

第一の変化として、既存市場の成熟があげられる。

第二の変化として、消費者の構造およびニーズの変化がある。高齢化の進展、消費の二分化、モノからサービスへの消費のシフトなど、消費のあり方は劇的に変化している。

さらに第三の変化として、ビジネスの構造にも大きな変化が起こっている。リアルとネットの融合、ハードとソリューションの一体化、ビジネスの垂直統合化、そしてますます拡大するグローバル化。これらの変化の波によって、従来のビジネスの構造に革新への圧力がかかり続けている。もはや大企業が自社の強みとして堅持してきたビジネスモデルそのものが、変化への足かせとして弱みに転じていることに気づかなければならない。

一方で、大企業には、既存ビジネスを通じたアセットの蓄積がある。また、新しい事業を創出する基盤も備わっている。たとえば、大企業の信用を背景に築き上げられてきた顧客基盤、豊富な人材、独自の技術、そして資金力、それらは大企業ならではの資産である。しかし、いまだ意思決定の遅さや保守的な企業文化に縛られ、イノベーションを起こしにくい状況にある日本の大企業も少なくない。

成熟した伝統産業や既存の大企業にとっても、新たな成長の糧を目指した戦いは避けて通れない。

ではそのために、どのようにビジネスモデルを革新し成果につなげればよいのだろうか。ビジネスモデル・イノベーションを実現するうえでの大企業ならではの強みとは何か。あるいは大企業が陥りがちな落とし穴はどこにあるのだろうか。本章では、ビジネスモデル・イノベーションに成功している大企業の例を検証しながら、目の付けどころや実行上の仕掛けについて考察を加える。

ビジネスモデル・イノベーションの本質を捉える

まず、ビジネスモデル・イノベーションとはどんなものか、また、実現するためにどんな要素が必要か、を押さえておこう。図表3-1に示すように、ビジネスモデルは、バリュープロポジション(価値提案)とオペレーション・モデルの2つの中核要素により構成される。

バリュープロポジションとは、「自社は誰に対して何を提供しているのか」という問いに答えるもので、次の3つの側面での選択を反映する。

- **ターゲット・セグメント**:どんな顧客層のどんなニーズを満たそうとするのか
- **商品・サービス**:顧客のニーズを満たすために何を提供するのか
- **収益モデル**:商品・サービスに対してどのように報酬を得るのか

オペレーション・モデルとは、「自社のバリュープロポジションを、いかに利益をあげつつ顧客に届けるか」という問いに答えるものであり、主に次の3つの領域での選択がベースとなる。

- **バリューチェーン**:必要な機能をどのように編成するか。何を社内で行ない、何をアウトソースするか
- **コスト・モデル**:資産、コスト構造をどう構成するか
- **組織体制**:自社の競争優位性を高めるために、どのように人材を配置し育成するか

図表3-1　ビジネスモデル・イノベーション

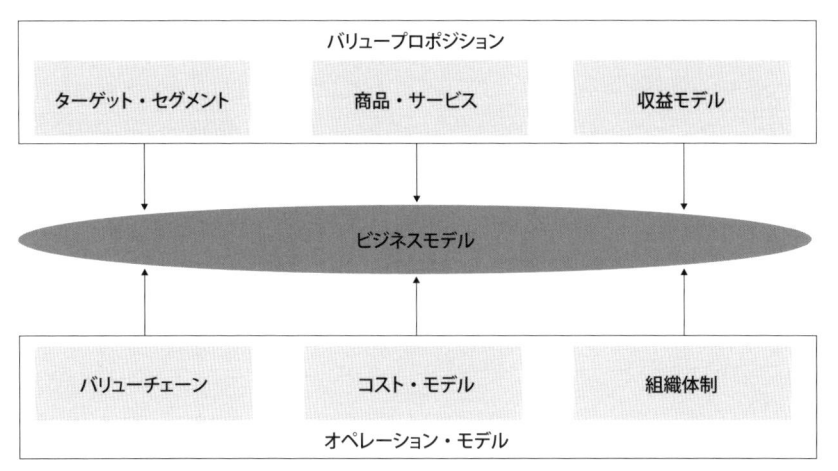

```
┌─────────────────────────────────────────────────┐
│              バリュープロポジション                │
│  ┌──────────┐   ┌──────────┐   ┌──────────┐   │
│  │ ターゲット・│   │商品・サービス│   │ 収益モデル │   │
│  │ セグメント │   │          │   │          │   │
│  └──────────┘   └──────────┘   └──────────┘   │
└─────────────────────────────────────────────────┘
           ↓            ↓            ↓
        ╭─────────────────────────────╮
        │       ビジネスモデル         │
        ╰─────────────────────────────╯
           ↑            ↑            ↑
┌─────────────────────────────────────────────────┐
│  ┌──────────┐   ┌──────────┐   ┌──────────┐   │
│  │バリューチェーン│ │コスト・モデル│  │ 組織体制 │   │
│  └──────────┘   └──────────┘   └──────────┘   │
│              オペレーション・モデル              │
└─────────────────────────────────────────────────┘
```

©2016 The Boston Consulting Group

　ビジネスモデル・イノベーションとは、新たなチャンスに取り組むために、新しいバリュープロポジションを創造し、それを支える独自のオペレーション・モデルを構築することである。言い換えれば、ユーザーにとっての価値のあり方を変え、それを実現できるよう価値の届け方を変えることである。

　この章の冒頭にあげたアップルの例に見られるように、ビジネスモデル・イノベーションは製品、サービス、技術といった、それぞれ単一要素のイノベーションではない。ビジネスモデルの複数の要素を変革して、新たな方法で顧客に新たな価値を届けることが可能になったときに、そのイノベーションはビジネスモデル・イノベーションになる。ビジネスモデル・イノベーションを実現するには、複数の要素の変革を、相互の連携の中でうまくマネジメントし、最終的にすべての革新をまとめ上げ統合する必要がある。そのため、ビジネスモデル・イノベーションは実行するのが難しい。これは同時に、模倣されにくいということでもある。

　ビジネスモデル・イノベーションは、競争力の低下に対する強力な防衛策としても、新たな機会を捉える破壊的イノベーションの手段としても有効である。不

安定な環境や混乱期、競争が激しい市場には、特にビジネスモデル・イノベーションが有効である。

　BCGの研究では、景気後退期に優れた業績をあげた企業の多くは、危機を活用して自社の構造変革を断行し、ビジネスモデル・イノベーションを実現している。また、激しい競争のもとでは、製品だけ、あるいは、業務プロセスだけのイノベーションでは模倣されやすく、競争優位を持続するのは難しい。

　ビジネスモデル・イノベーションにより、自らゲームのルールを変えることで、激しい競争から抜け出す道が開ける。さらに、規制変更や技術進化のような根本的に新しい戦い方が必要になる非連続な変化に取り組むうえでも、ビジネスモデル・イノベーションは強力な武器となる。

大企業の伝統、資産、人材を原動力にするのが成功のカギ

　日本に限らず先進国の大企業にはビジネスモデル・イノベーションを実現しきれない例が多く見られる。しかし、中には、大企業ならではのブランド力や資金力を活かして多様なイノベーションを生み出している企業も存在する。伝統の深さ、規模の大きさ、人材の豊かさを、足かせではなく、イノベーションを牽引する強力な原動力に転換しているのだ。そうした大企業によるビジネスモデル・イノベーションの事例を以下に少し紹介する。

◉──ロールスロイス、GE：航空エンジンの販売から「時間貸し」への転換

　1980年代半ばに、まずロールスロイス、続いてGEが航空エンジンの販売モデルを抜本的に変革した。従来の「売り切り型」販売のモデルを、航空エンジンの保守サービスと金融サービスを一体化させた「時間貸し型」ビジネスモデルへと転換したのだ。売上金額ベースで見ると、エンジンというハードウェアに対して保守サービスと金融サービスの割合が大きいところに、彼らは着目した。そし

て、それまでばらばらに販売されていたエンジン、ファイナンス、メンテナンス、スペアパーツを束ねて提供し、エンジン稼働時間当たりで支払い価格を決める仕組みを導入した。これを実現するに当たり、メンテナンスに関するノウハウも買収などにより蓄積した。このモデルは顧客である航空会社にとって、従来は固定費であったコストを稼動時間に応じた従量制のコスト、すなわち変動費に変換することができ、非常に都合のよいものであった。結果、両社は大きくシェアを伸ばすとともに、顧客ごとの収益を拡大することに成功した。最近では、両社はIoTによりこのサービスをさらに進化させている。

　これを前述のビジネスモデルの要素に分解すると、まず商品・サービスを、ハードウェア販売からサービスと統合した形に変えた。同時に収益モデルも、ハードウェアを売るワンタイム・ビジネスから、継続的にメンテナンスやファイナンスを提供してサービス料を得るモデルに変えた。さらに、メンテナンスの提供によりエンジンの交換のタイミングもわかるようになり、タイミングよくハードウェアの入れ替えができるようになった。この一連の変革によりアフターサービスが次の購入につながり、バリューチェーンを継続的に回していけるようになった。

　コスト・モデルという面では、新たに取り込んだメンテナンスは規模の利益が効く。規模の利益を活かしてコストを下げ、それによりさらに多くのアフターサービスを引き受け、それをハードウェアの入れ替えにつなげることもできるようになった。このように4つの要素を大きく変えて、ビジネスを根本的に変革した。

　GEはこの「プロダクト」から「総合サービス」へのビジネスモデル・イノベーションを航空エンジンにとどまらず、蒸気タービンや医療用機器にも展開している。

●── GE：超音波診断装置のリバース・イノベーション

　GEはまた超音波診断装置のリバース・イノベーションでも注目を集めた。リバース・イノベーションとは、GEのイメルト会長が打ち出したコンセプトで、新興国で生まれたイノベーションを先進国市場にも展開することを意味する。以前は、元々先進国で開発された商品を修正して新興国に投入し浸透させるのが

一般的だったが、それとはまったく逆の流れである。

　2002年当時、GEは中国で10万ドル以上する超音波診断装置を最先端病院に販売していたが、業績は芳しくなかった。中国市場で成功するには、劇的に異なるビジネスモデルが必要なことは明らかだった。そこでGEは、低コストかつ携帯可能というバリュープロポジションを追求することにした。携帯型装置を開発し市場投入するために、R&D、営業、サービスのオペレーション・モデルを根本的に変えた。当初3万ドル（その後大幅に値下げされた）で発売されたこの製品は成功をおさめ、中国市場での売上げは上昇軌道に乗った。

　GEはさらに先進国でも、従来型装置では大きすぎたり、価格が高すぎたりする場合に、この新製品のニーズが大いにあることに気づき、先進国を含む世界市場に展開した。

　このケースもビジネスモデルの要素別に見てみると、まずターゲット・セグメントを従来の先進国から新興国市場に転じる必要が生じた。さらにその後、あらためて先進国の中にもローエンド、汎用セグメントに同様のニーズがあることに着目して、そのセグメントに展開した。商品・サービスでは、新ターゲットに向けて携帯型装置をつくり出した。オペレーション・モデルでは、R&D、営業、サービスのバリューチェーンをすべて見直し、低コスト・モデルを編み出した。このように多くの要素をつくり変えて、新たな市場を取り込んだのである。

●──ジェットスター：カンタス航空のLCC事業

　2000年、ヴァージン・グループがヴァージン・ブルーという格安航空会社（LCC）を設立し、オーストラリア国内線に参入した。同社はプレミアム長距離線のような乗り心地と新鮮なブランドを低価格で提供し、すぐに30％のシェアを獲得した。これはオーストラリアの大手航空会社、カンタス航空に大きな打撃を与えた。カンタスはコスト構造から考えて既存のビジネスモデルでヴァージン・ブルーと真っ向勝負をすることはできないと認識し、低コストの新しいビジネスモデルを立ち上げた。同社はただヴァージン・ブルーのモデルを真似るのではなく、親会社とは別組織で「超」低コストに設計したビジネスモデルを一からつくり上げ、ヴァージン・ブルーを超えることを選んだ。これがジェットスター

である。ジェットスターは2004年上半期に、新しい機体と最低水準の航空運賃を携え運航を開始した。同社は業界で最も低いコスト構造をもち、以後、さらにコストを引き下げた。

ジェットスターのビジネスモデル・イノベーションはその後も続き、2006年にはLCCとしては世界初の国際便就航を果たした。顧客が自分で食事、毛布や歯ブラシなどのアメニティ類、エンターテインメントを選択して、機内サービスをカスタマイズできる、画期的なアラカルト課金方式を最初に導入したのもジェットスターである。一部のレジャー路線では、従来のカンタスに代わりジェットスターが運航し、カニバリゼーションとも言える動きもあった。しかし、ジェットスターの登場はヴァージン・ブルーとの競争に大きな威力を発揮した。ヴァージン・ブルーはレジャー路線でもビジネス路線でも、カンタスとの激しい競争で自社のポジションが圧迫されていることを認識し、2007年、ついにディスカウント・モデルをあきらめて、主軸をビジネス路線に移した。

カンタスはジェットスターに大幅な裁量権を与え、ジェットスターが独自に飛行機の購入やスタッフの採用を行なった。ジェットスターは操業初年度に黒字となり、2009年にカンタスは、同社の強固な財務業績は主としてジェットスターの高い収益性に支えられたものだと述べている。

LCCを立ち上げた他の既存大手航空会社のほとんどは、親会社とのシナジーを追求する方向を選び、失望する結果に終わった。大手航空会社の経済性を基盤に、低コストの要素をいくらか組み込んだ、ハイブリッド型オペレーション・モデルでは、LCCのバリュープロポジションに適合しなかったからである。

この例も要素別に分解すると、低価格というニーズを抱える層をターゲット・セグメントに設定し、それに適した商品・サービスを展開。こうした新たなバリュープロポジションを実現するためにバリューチェーンやコスト・モデルもつくり直した。中でも特筆すべきは組織体制で、カニバリゼーションを恐れず事業を展開するために別組織を設立し、自律的に運営させた。

これらの例に見られるように、先進国の成熟した伝統産業や既存の大企業の中にも、後述の大企業が陥りやすい要因を克服してビジネスモデル・イノベーションを実現している企業が存在する。陥りやすい癖を認識して、従来の自社の

枠を超えた思考と果敢な意思決定、行動をすることが肝要である。

特に中核事業が成熟・衰退期にある大企業にとっては、ビジネスモデル・イノベーションは新たな競争優位を構築し、成長の火を再燃させるための斬新な切り口となる。前述のように、ビジネスモデル・イノベーションは複数の領域の活動をうまく統合する必要があるため、実行するのが難しい。それだけに大企業が大企業ならではの強みを活かしてビジネスモデル・イノベーションを実現すれば、他社が追随したり模倣したりするのは難しくなる。

大企業のビジネスモデル・イノベーションがうまくいかない5つの要因

ここであらためて、なぜ大企業のビジネスモデル・イノベーションはうまくいかないのか、を考えてみよう。

失敗事例についてのBCGの分析から、大企業がビジネスモデル・イノベーションを完遂できないケースには、いくつかの共通する要因があることがわかっている。企業や事業によって失敗に陥りやすい癖があり、それを認識することが大事である。

多くの失敗事例に共通する主な要因として次の5つがあげられる。

①既存ビジネスからのしみ出しの発想で、大胆な発想がない

既存市場は成熟し大きく変容しているが、その変化への対応を考えるとき、大企業では、中核ビジネスモデルの構造改革が必要であるというレベルの認識ができていない場合が多い。既存のビジネスモデルの枠組みで考えて、何とかその枠内で対応できないかと考えてしまうのである。

表現を変えれば、大企業が考えるイノベーションの要件の中には、ドメインを変更するという考え方が存在しない場合が多い。事業ドメインを変えてでもイノベーションに取り組むという姿勢がないのであれば、新しいビジネスモデルの永続性に対する考察も不十分となるのは当然である。

②成功体験をもとに発想し、消費者や事業者の今のニーズを把握できていない

　消費者やユーザーが変化しているにもかかわらず、従来の勝ちパターンに基づく「常識」に捉われがちであることも、大企業が陥りやすいパターンである。「消費者、ユーザーは、○□△のニーズをもっているはずである」との思い込みから逃れられないのだ。

　インスタントフィルムで知られた米ポラロイドは、デジタル化の流れに対応できず、2000年代に入ってから経営破綻した。同社もただ指をくわえて見ていたわけではなく、早くから対応はしていた。1996年には自らデジタルカメラを製造し、1997年には画像編集ソフトに活路を見出そうとし、1998年にはOEMでブランドを活用しようとしたが、成功しなかった。従来の顧客とは異なる層が、新しい価値をデジカメに見出していることに気づかなかったのである。

③既存ビジネスへの配慮から、イノベーションのジレンマに陥る

　強い市場ポジションをもっている大企業では、古いパラダイムに捉われて、ビジネスモデル・イノベーションをスピーディに仕掛けられず、競合や新興企業に先を越されるケースが後を絶たない。既存事業とのカニバリを恐れ、新規分野への大胆な踏み込みができない。いわゆる「イノベーションのジレンマ」の罠である。

　新しいビジネスモデルは本来、破壊的なものであり、短期的な目標や業績を追求している社内組織に強い抵抗が生じる場合が多い。こういった摩擦を乗り越え、中長期的に優位性を持続させるためのプロセスと組織能力、および組織体制の構築が求められる。

　事業モデルや商品のイノベーションが起きると、はじめは既存の企業や商品と共存しつつも、次第に既存のシステムへの脅威へと変わっていく。極端なケースでは、新しいバリューチェーンがこれまでのバリューチェーンを崩壊させてしまうこともあるだろう。特に従来からの統合型バリューチェーンをがっちりと保持している大企業では、これまで苦労して維持してきたバリューチェーンが侵食され崩壊していくことには相当のコンフリクトや抵抗が生じるのも無理はない。

　イノベーションとは、多かれ少なかれ既存のシステムを壊すものである。既存のシステムや市場をそのまま維持しながら、新しい市場やシステムが積み上がる

と考えるのは幻想である。さらに言えば、社内でイノベーションを次々に起こしていくということは、成功者が敗者になる頻度を高めることでもある。

　こうしたことをきちんと認識し、新たなビジネスの論理とそれにより変化を余儀なくされる社内のビジネス慣行について、経営者は組織の構成員に納得できるよう説くことが肝要である。そして、個別事業の成功だけではなく、成長を実現するための事業ポートフォリオのシフトをきちんと認識し、移行期において既存事業の構成員に対し適切な処遇をすることが重要となる。

　④リソースの配分やアセットの活用が不十分
　新規事業へのリソースやアセットの配分も不十分な場合が多い。その背景には、そもそも最初から、「3年単黒、5年累損解消。そのために投資は〇〇に抑えるべき」といった議論からスタートするという、大企業に深く根づいた発想がある。
　あるいは、「現在の収益源は△△である。これに悪影響を及ぼすような新規事業はまず様子を見ながら実施すべし」という上からの声も聞こえてくる。せっかくの貴重な顧客基盤も、「あの顧客基盤は他部門が管理しているので、自分たちには使えない」といった腰の引けた状態では活用には至らない。

　⑤関連プレーヤーとWin-Winの関係が構築できない
　関連プレーヤーと協調し、互恵的な関係を築くことも非常に重要である。そのためには自社の短期的利益を追うのではなく、中長期的に双方の価値を高められるよう、信頼や好意的な関係を築き、影響力を及ぼしていかなければならない。

事例：大手流通／サービス企業C社

　では、成功している大企業は、どのようにして大企業特有の課題や要因を乗り越え、ビジネスモデル・イノベーションを実現しているのだろうか。ここでは大

手流通／サービス企業であるC社の事例を見ながら成功へのヒントを探ってみたい。

●——C社の状況：現在の延長では成長はない、既存の枠を超える必要が……

流通／サービス企業C社は国内市場を中心に事業を営み、国内だけで数千万人の顧客基盤を有している。日常的な顧客との強い接点を保有している点がC社の特徴であり強みである。しかし、国内人口が横ばいから減少局面に転じ、高齢化が進むと確実に予測される中、市場は成熟し、価格下落プレッシャーに直面していた。現在の延長では成長は望めないことは明らかであった。

2000年代前半、C社の経営陣は新規事業を構築し再成長を図りたいと考え、検討を始めた。社内で検討を続けるうちに社長や幹部は、既存の枠を超えた斬新な発想やアイデアの具体化、その実現は社内だけでは難しいと感じ始め、BCGに相談が寄せられた。C社の社長、幹部とBCGとの間で何度かディスカッションを行なった後、BCGがお手伝いをすることになり、プロジェクトが開始された。

●——ターゲット・セグメント／商品・サービスの設計

新規事業を自社のドメインの再定義として捉える

プロジェクト開始前のディスカッションを通じて、C社社長、幹部とBCGチームは、新規事業は既存事業の延長ではなく、大きな次元で考える必要があるという認識を共有していた。

プロジェクトではまず、大きく考えるために、「自分たちは何を実現する企業なのか」というビジネス・ドメインの再定義から議論を始めた。市場の変化、新たなユーザーニーズ、既存のアセットを踏まえ、既存事業も包含する新たなビジネス・ドメインが確立できないか。従来型の流通／サービス事業にとどまらず、自分たちを、ユーザーの日々の生活を支援する企業として捉え直したら、どのようなサービスや事業の可能性があるのか。

ただし、このようなドメインの再定義はC社独自のものかと言えば、そうではない。

たとえば鉄道会社が、自らの事業ドメインを、鉄道の運行だけではなく、顧客の日々の移動を支えることと捉え直し、生活支援企業として自社の商品・サービス、収益モデル、組織体制を改革するケースは存在している。

また流通の世界でも、従来の小売でモノを販売するという事業から、顧客接点をベースに、顧客の生まれたときからお葬式までをサポートする企業としてドメインの変更に踏み切る企業もある。広範な顧客基盤と顧客に対する強い接点をもつ企業であれば、このように特定のサービス提供企業から顧客の生活支援企業へとシフトできる可能性がある。C社の場合も、発想としてはこれらの企業と同様である。

では、ドメインを再定義して、生活支援企業としての基盤をつくっていくには具体的にまず何を行なえばよいか。以前から何度か議論が行なわれてはいたが、革新的で付加価値の高いサービスにつながる切り口を見出すには至っていなかった。そこで、BCGがファシリテーションや分析、議論の材料づくりを含めお手伝いしつつ検討していった。

まず、「自社がもっているアセットは何か」を既存事業にこだわらずに大きな視点で見つめ直すところから始めた。その結果、日々コンタクトをとりうる数千万人の顧客基盤が大きな役割を果たすことを再認識した。

次に、他の業態も含めた大きな市場の変化について議論した。2000年代初頭のこの時期には、インターネットの浸透にともない、さまざまな機会や脅威が生まれることが最も大きな変化の潮流になることが、漠然とではあるが明らかに認識されていた。

そこで、世界で起こっているeコマースなどの動きやテクノロジーの変化についてBCGが分析したものを提示し、それをもとにC社幹部と議論を繰り返した。こうした議論を通じて徐々に次のような見通しが浮かび上がってきた。

「モバイル・インターネットが飛躍的な伸びを示す中で、ユーザーが求める日々のサービスがモバイル・インターネットを通じて提供されるようになる。そうなると、ネットの世界で起こっている変化がリアルの世界にもしみだしてく

る。その結果、さまざまなサービスが融合していく」。これは今考れば当たり前のようだが、当時としてはまだあまりはっきりと認識されていない将来像であった。

　このような将来の大きな環境見通しと前述の自社のアセットを照らし合わせてさらに議論を進め、生活を広く支援するサービスのイメージをつくっていった。そして、まず自らサービスを立ち上げつつ、モバイルを通じてサービスを提供したいプレーヤーを束ねていく、というようなビジネス・ドメインのあり方が導き出されていった。

未充足ニーズを探り、ターゲットやサービスのイメージを描く

　eコマースなどネットの世界の動向分析を起点とした議論を通じて、C社の新規事業候補として「ペイメント」という領域が将来のネット社会でカギとなることが見えてきた。買い物に行った先で、支払いが簡単にできるのは利用者にとってうれしいサービスである。

　一方、企業の側にとっても、すべての商取引の基盤はペイメントである。現金から非現金に置き換わる、そのタイミングをビジネスとして押さえることは重要である。今でこそペイメントはどの企業も注目する事業であるが、当時はまだ流通／サービス企業がペイメント事業を始めることは新しい発想であった。

　では、ペイメントにおいて、具体的に何をやっていくか。それを考えるに当たっては、世の中の未充足ニーズを深く把握するという視点が必要となってくる。しかも、その未充足ニーズは、ユーザーサイドからだけでなく、事業者サイドからも見ていくという複眼的なアプローチが重要となる。

　まず、ユーザーサイドの基礎分析をC社プロジェクトメンバーとBCGが協力して行なった。その中で消費者の現金以外のペイメントの動向を諸外国と比較したところ、クレジットカードの利用率に日本と米国で大きな差があることが明らかになり、そこに着目した。2000年代初頭、米国ではクレジットカードでの決済比率は25％くらいに達していたが、日本では当時10％にも満たなかった。

　背景には、生活習慣の違いがあることは確かであった。BCGによるフォーカス・インタビューなどで日本の消費者の意識を探っていくと、高額商品の購入

であればクレジットカードでの決済は普通と思われているが、コンビニエンスストアやスーパーでの支払いや、少額のタクシー料金の支払いにクレジットカードを使うことには抵抗があると思っている人が多かった。自分がクレジットカードを出すことで、レジに並ぶ他の人を待たせてしまうことへの躊躇、また現金でも支払うことができる少額の支払いにわざわざクレジットカードを使うことの面倒くささなどが主な理由としてあげられた。市場データの分析なども組み合わせて、少額決済にクレジットカードが利用されていないところに市場開拓の余地がありそうなことが見えてきた。さらにクレジットカード入手までの手続き・審査プロセスが複雑で面倒くさい、というユーザーもけっこう多かった。

一方、事業者側にもBCGがインタビューを行なった。どのクレジットカード会社も、クレジットカードはユーザーの購買行動を理解する意味で宝の山であるという認識があり、提携カードという形でクレジットカードの利用範囲を広げていた。その流れは、小売企業やサービス企業、鉄道会社などに広がっていた。しかしながら、単にペイメント方法が現金からクレジットカードに置き換わっただけでは、必ずしも売上増にはつながらないという悩みを多くの提携企業が抱えていた。ペイメントと、たとえばクーポンなどの販促手法を結びつけて売上増を図れないか、という声も一部の企業から聞くことができた。また、実際のユーザーの獲得には非常に手間とコストがかかるのが実情で、ユーザー数を伸ばすのに苦労している企業が多かった。

こうした調査・分析結果をもとにさらにC社のチームとBCGとで議論を重ねた結果、クイック支払いやクイック申し込みができるペイメント・サービスとして電子マネーという領域が浮かび上がった。これが実現できれば、クレジットカードが満たせていないニーズを取り込み、少額決済の市場を切り開ける可能性がある。日々コンタクトをとりうる数千万人の顧客基盤という自社のアセットが活かせる可能性も高い。事業者側にも、販促手法と組み合わせた売上増など、クレジットカードなどが満たせていないニーズもありそうだ。

収益モデルを検討しつつ、具体的なサービスを考案する

さて、電子マネーの事業を新規に開拓することとなり、次に考えなくてはなら

ないのは、いかに収益をあげるかということである。ここからは現実の問題をひとつずつ解決していくこととなる。

通説として言われていたのは、電子決済だけでは必ずしも儲からないということであった。すなわち、大きなインフラを必要とする一方で、それに見合うマージンを得ることはできないということだ。コンビニエンスストアなどの少額決済では、決済手数料（支払金額の1.5～2％）だけでは採算がとれない。決済はさまざまなビジネスの基盤ではあるが、決済をやるだけでは儲けることはできないのである。

ではどうするか。ここで新しいビジネスモデルの発想が必要となる。グローバルおよび他業態の動向の分析からの示唆が、ここでも発想のヒントや刺激となった。C社チームとBCGとの議論を通じて、ペイメントとモバイル、さらに電子クーポンを組み合わせて、まずは決済で収益をとり、中期的にはデータ分析などに収益源を広げる、という方向性が見えてきた。

電子クーポンとは、（現在ではすでにおなじみになっているが）決済によって蓄積した購買データやユーザーの登録情報に基づいて、販促を行なうというものである。決済以外の収益源として、販促の可能性を追求することにしたのだ。

店舗にとって、それまでカード決済に加盟する理由は主にレジ業務の効率化にあった。その点では、新サービスが導入されても現金払いの人が大幅に減少するとは考えにくく、効率化が進むとは言えない。そのため、当初は店舗側の姿勢は積極的ではなかった。しかし、電子クーポンの可能性を説明することにより、これを一転させることができた。実際、サービスの本格展開後、この電子クーポンはターゲットを絞った、より的確な販促を可能にするため、店舗開拓に大きく貢献した。

このように、収益モデルを考えるに当たっては、短期（＝ここでは日々の決済手数料）の日銭を稼ぎつつ、長期（＝ここでは店舗への販売促進）での大きな収益源に至るロードマップを早い段階から描くことが重要である。まずは日銭できちんとビジネスが回る絵を描いて、そのうえでタイミングを見て、投資を、撒き餌投資も含み、ステップを踏んで実施するといったアプローチをとることが肝心である。

一方、収益にマイナスに働く可能性のある要素も洗い出し、手を打っておく必

要がある。大きな問題のひとつは、ペイメント型のサービスは、金融機関、小売企業、ケータイ事業者、鉄道事業者などさまざまな企業がすでに参入あるいは検討をしており、ともすればぶつかり合う懸念があったことだ。特にクレジットカード会社を含めポストペイメント・サービスを提供する金融機関からは敵と見られ、店頭に設置するリーダライタ等インフラの仕様統一や共用化が妨げられる危険性があった。そうなれば加盟店獲得の障害となり、ユーザーの利便性が損なわれ、サービスの浸透が危ぶまれる。

　そこで、こうしたプレーヤーと協力できるよう、オープン化によるペイメント・ビジネスの発展という将来ビジョンを示すとともに、相手の視点を考慮してロジックを考え、交渉を進めていった。新サービスは彼らのビジネスを奪うものではなく、まだ全体としては小さなペイメント・サービスのパイを大きく広げていくために協力するのがお互いの利益になること、パイを広げることでネットワーク効果も出ること、を説明し、協力をとりつけていった。C社が培ってきた大企業ならではの信頼やリレーションがここでもプラスに働いた。

◉──オペレーション・モデルの設計と財務シナリオの策定

コスト・モデルを考える

　こうして、ターゲット、サービス、収益モデルからなるバリュー・プロポジションの大枠を設計できたところで、これを実現するためのオペレーション・モデルを考えていかなければならない。

　前述のようにオペレーション・モデルを構成する主な要素はコスト・モデル、バリューチェーン、組織体制である。中でも、コスト・モデルを考えることが重要となる。C社のペイメント事業で最もコストがかかるのは、ユーザーの獲得であることが、分析により確認できた。言い換えれば、ユーザー獲得コストが最大のボトルネックになるということだ。ユーザー予備軍へのリーチや訴求のしかた、および、登録のプロセスを、いかにコスト効率のよい仕組みにできるか。これが競争優位性の大きな源泉となるわけである。

　そこで、BCGの他業界での経験も活用して考え出されたのが、モバイルでの簡単入会の仕組みであった。ユーザーにとって決済という新しいサービスを利用

するに当たっての登録の煩わしさは、これで大幅に軽減される。C社側のコストも軽減できる。検討途中では、簡単な登録システムを導入しても、ユーザーがセキュリティー面の不安を感じてあまり広がらないかもしれないという懸念もあげられたが、C社の広い顧客基盤と長年の事業を通じて築いてきた信頼により、こうした不安は拭えることが消費者インタビューなどで検証できた。

また、ユーザーへの訴求についても、C社のリアルショップで実際の使い方や機能を説明することにした。これは、サービス展開後、ユーザー獲得コストを抑えることに大きく貢献した。

バリューチェーンを考える

バリューチェーンに関しては、どの部分を自前でやって、どの部分を外に出すかという意思決定が重要となる。

検討の結果、C社ではユーザー獲得のところと、データを保有して販促ビジネスにつなげるという部分は自前で提供することとし、一方で、ペイメントに関わるシステム、すなわち決済情報の伝達に必要な仕組み、加盟店の開拓など既存のインフラや既存の営業体制を利用できるところは、積極的に外に出すという方法をとった。

財務シナリオを策定する

大企業によく見られる「リソース配分、アセット活用が不十分」という失敗を避けるためにも、的確な財務シナリオの作成と適切な組織体制の構築が非常に重要である。

財務については、当たり前のことではあるが、事業計画の試算をして、長期的に必要な投資額を判断していった。C社内部での検討に加え、BCGも新規事業立ち上げ支援の経験をもとに客観的にチェックをした。アップサイドだけでなく、リスクも極力きちんと織り込み、最大どれくらいの損失が発生しうるかというダウンサイドまで特定した。財務シナリオはひとつだけでなく複数、設定することが肝要である。C社の場合は、楽観シナリオから悲観シナリオまで3つのシナリオを作成した。

推進体制を考える

　組織面では、新たなペイメント事業を立ち上げるには、既存事業とは異なる事業特性に対応するため、迅速かつ柔軟な意思決定と行動を可能にする体制が求められる。

　新規事業立ち上げには莫大な投資が必要になるが、大きな投資をしてから成果を検証するのではなく、小規模なパイロット的事業に細かく投資をしながら、その都度、結果をきめ細かく検証して、走りながらビジネスを組み立て、次のプロセスや次の領域へと展開していく必要がある。これを既存組織の中でやろうとするとさまざまな制約を受けて動けなくなるのではないか、という懸念があった。一方で、既存組織との関係を断ち切ってしまうと、既存事業で培ったアセットを十分に活用できず、C社のような大企業でやる意味が半減してしまう。

　そこで、BCGから先進企業の事例や経営学的研究により証明されている成功の要素など、ヒントとなる情報を提供しつつ議論した。その結果、①新規事業と既存事業の組織は分けること、②事業責任者のレベルで新規事業と既存事業の両方を統括する人を設定し、その人が差配できる部分を残すことという方針が決められた。そして、定期的に新規事業、既存事業の両者が議論する場をもち続け、新規事業推進における独立性を担保しつつも協力体制をつくっていった。

　また、この種の新規事業を軌道に乗せ成功させるためには、エコシステムを構築していく姿勢が必須である。いかにして小売、金融、システムベンダーなどさまざまなプレーヤーを自社のプラットフォームに巻き込むかを、初期の段階から戦略的に考えていくことがきわめて重要である。相手のビジネスをよく理解し、相手のペインポイントや未充足ニーズをきちんと把握して、それを解決しつつ、自社も収益をとれるようなやり方を考えていく。

　前述のように、小売企業に対しては、ペイメントだけではあまり関心は得られなかったが、電子クーポンを広げることで売上増につなげられないか、という潜在的ニーズを把握し、それをかなえる提案をすることがカギとなった。金融機関に対しては、黎明期にある市場の小さなパイを大きく広げるための協働の必要性を訴えることで、協力をとりつけることができた。このように、プレーヤーに応じてペインポイントや未充足ニーズに対する明快な考え方を示し、巻き込んでいくことが肝要である。

● ――「場をつくる」

　この新規事業の立ち上げからその後の展開まで支援してBCGが特に強く感じたのが、大企業がビジネスモデル・イノベーションを実現するうえでの「場をつくる」ことの重要性である。
　これは、**①新規事業と既存事業、②トップマネジメントの巻き込み、③他業態の巻き込み**、という3つの次元で言えることだ。
　既存事業に携わっている人たちは自社のアセットを深く理解している。一方、新規事業立ち上げのメンバーは、当然のことながら新しいビジネスのことはよく理解しているものの、既存事業で培ったアセットへの理解は必ずしも深いとは言えない。そこで、新規事業の基本コンセプトを固めたうえで、両者が一堂に会してぶつかり合う議論をすることがきわめて効果的に働いた。両方の視点から自社ならではの強みの可能性をとことん議論するとともに、新規事業の収益モデルやリスクマネジメントの方法も検討していった。
　また、新規事業には大きなリスクがともない、部門を超えたトップマネジメント・レベルでないと判断できない部分が多いため、トップマネジメントを巻き込んで議論をしていく必要がある。こうしたプロセスでは、どうしてこのようなビジネスが必要なのか、どうドメインを定義するのか、といった大本の戦略的議論が非常に重要な意味をもつ。
　さらに他業態に対しては、前述のように、プレーヤーに応じて相手の未充足ニーズやペインポイントに対する明快な考え方を示して巻き込んでいくことが重要になる。

大企業におけるビジネスモデル・イノベーションの成功に向けて

　ここまで大企業特有の課題や要因、それらを乗り越えた企業の事例を見てきた。最後に、大企業においてビジネスモデル・イノベーションを成功させるための留意点をまとめ、結びに代えたい。

- 既存の商品・サービスを超えて広い視野で考え、ドメインの変更も辞さない姿勢で臨む
- 過去の勝ちパターンにとらわれず、外向きの視線で、現行ビジネスモデルが顧客に強いている妥協を探求する
- 短期的目標・業績との摩擦を乗り越え、中長期的な視点で組織能力を高める
- 部門間の壁を超え、中長期的視点で最適なリソース配分とアセット活用を実現する
- 外部の関連プレーヤーとWin-Winの関係を築き、エコシステムを拡張する

BCGからのメッセージ

　AI、IoT、ロボティクスなど技術進化の大きな波は、伝統的大企業に対して、商品やサービスにとどまらない、ビジネスモデルそのものの革新を迫る。この変化を能動的に捉え、ビジネスモデル・イノベーションを実現し、さらに堅固な競合優位を構築している大企業もある。一方、従来の勝ちパターンに固執し、結果的に市場におけるプレゼンスを減じつつある大企業もある。

　私たちは、大企業がビジネスモデル・イノベーションに成功するためには、第一に、ビジネスモデル・イノベーションの構成要素を理解し、変革の対象を明確に定義し、全社で共有すること、第二に、実行上、陥り易い罠を事前に察知し、強いリーダーシップでそれらを乗り越えることが、大切だと考える。ビジネスモデル・イノベーションは新興企業の専売特許のように捉えられがちだが、実は、多くのビジネスアセットを保有する伝統的大企業に、より大きな果実をもたらし得る。その実現に向けて、成功事例の洞察に基づくビジネスモデル・イノベーションの定石を押さえることが不可欠だ。

BCGシニア・パートナー　東海林 一

第4章

シナリオ
プランニング

――変化適応力を高める

シナリオプランニングの今日的な意味：
不確実な未来に備える

　「実は、中計をやめてしまったんですよ」。経営幹部からこういう話を聞くことがある。中期経営計画が、日本企業、特に大手に浸透したのは1980年代である。右肩上がりの成長という当時の日本の市場環境においては、今を起点として、その延長上でさらなる成長を組み込んだ3年間の中期計画を策定し、それを目標とすることが、周囲からの支持を得やすく、おさまりがよかった。しかし、事業を取り巻く環境はかつてないほど多様化するとともに、さまざまな側面で変化が加速している。グローバル化、デジタル化が進み、ますます変化が激しくなるとともに、その影響が大きくなっている。そのうえ、激甚な自然災害、さまざまな地政学的リスクなど、ビジネス以外のリスクが増大している。従来型の「将来予測」では予見するのが難しい出来事が多発し、不確実性、複雑性が大幅に増大している。

　事業環境がこれほどダイナミックに変化する中では、多くの時間を費やして中期経営計画を立案しても意味がない、というのはもっともなことだ。しかし、中長期のプランニングがすべて不要になったわけではない。「計画」は意味がなくなったかもしれないが、「戦略プランニング」の重要性はむしろ高まっている。短期的業績を最大化するための計画立案ではなく、先が読めない中で中長期にわたり生き抜くための戦略の策定が求められているのである。

　BCGの調査によれば、環境変化の激化の中で企業の短命化が進んでいる。図表4-1は、米国上場企業が5年以内に上場廃止になる確率が、この50年近くの間にどう変化しているかを分析した結果である。破綻、清算、M&Aなどにより、今や3社に1社が5年以内に上場廃止になっており、その確率は1965年時点の6倍に上昇している。このようなスピードで企業が短命化している原因はいったいどこにあるのだろう。それは主に、複雑性、不確実性を増す外部環境に適応できていないことにあると、BCGでは考えている。

　将来が予測できない中で、不確実な将来に備え、適応力を高めるためには、プランニングにも従来とは異なるアプローチが求められる。そのために有効な手

図表4-1　米国上場企業が5年以内に上場廃止になる確率

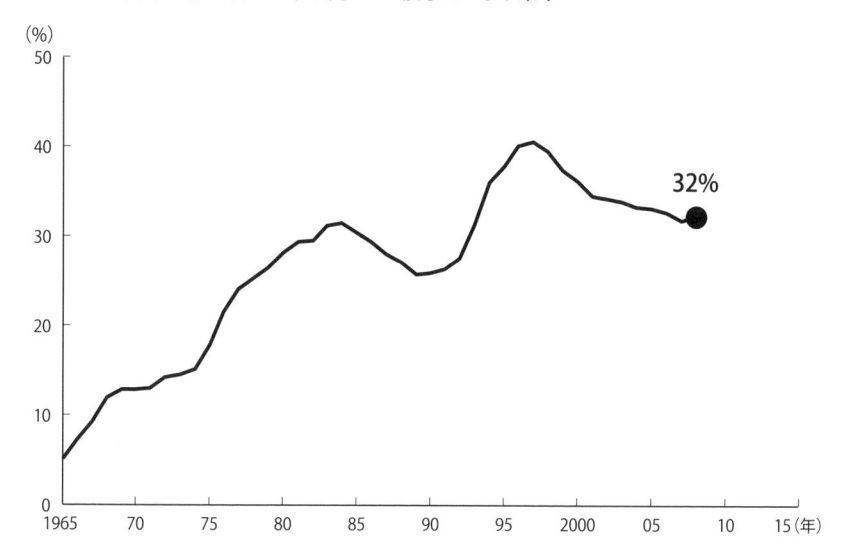

注：対象は米国上場企業、約35,000社
出所：BCG分析
©2016 The Boston Consulting Group

法のひとつがシナリオプランニングである。起こる確率は高くないとしても、極端な可能性を織り込み、それでいてもっともらしいシナリオをつくり上げ、経営幹部がそれをもとに議論する。こうしたプロセスを経ることで、より豊かな戦略的創造性を生み出したり、リスクに対する認識を高めたり、起こりうる変化に対する準備を整えたりすることが可能になる。

　シナリオを活用した手法は、古くから軍事的な戦略・戦術、外交政策などの検討・立案に用いられていた。それがビジネスの世界に導入されたのは1960年代後半である。1970年代にはエネルギー大手企業ロイヤル・ダッチ・シェルがこの手法で成果をあげた。OPEC（石油輸出国機構）の影響力の高まりと、環境保全運動の波に戸惑っていた同社は、このシナリオにより広範な戦略オプションをつくり出し、市場の変化への備えにおいて、その後、長年にわたりライバルの先を行くことに成功した。以来、シェルでは半世紀以上にわたり、シナリオプランニングを活用し続けている。やがてGEはじめ他の多くの組織が、それぞれのビジネスに各種のシナリオづくりを取り入れるようになった。

一方で、伝統的シナリオプランニングでは、専門スタッフによる何カ月もの精緻な分析をもとにシナリオを策定する場合が多く、「多大な時間と資源の投入が必要な割に得るものが少ない」「市場の変化が激しすぎてシナリオはあまり役に立たない」などの声も聞かれるようになった。これらの批判が必ずしもすべて妥当とは言えないが、活用する企業は減っていったと言われる。

　しかし、このような精緻な手法だけがシナリオ活用法というわけではない。シナリオの効果の多くを、より短時間で得ることもできる。それは、起こる確率は低いとしても、メガトレンドを織り込んだ、刺激的で、かつ信憑性の高い複数のシナリオを比較的短期間でつくり上げ、それをもとに経営幹部が自ら議論することにより、可能となる。シナリオの価値は、予測が正確かどうかという問題ではなく、経営幹部がシナリオ策定とそれをもとにした議論を通じて、何を学び、その学びをどのように応用するかというところにある。

　本章では、このような新しいシナリオ活用のアプローチを紹介していく。まず前半では、シナリオをどのように構築し活用するか、という基本的な考え方と方法論について解説する。そして後半では、業界ぐるみで予想が難しい将来に対する対応力を高めるためにシナリオプランニングを活用した、欧州の鉄道関連業界団体の事例を紹介する。

BCGのシナリオプランニングのアプローチ

◉──よいシナリオの3条件

　本章で紹介するアプローチにおけるシナリオとは、将来の事業環境がどうなるかを示すストーリーである。未来の姿に加え、今日からその未来の姿に向けてどのように進んでいくのかというステップも描き出すものだ。そのまま実際に起こることはあり得ない、いわば「型破りな」未来像でありながら、現実味があり、どんなことが起こりうるかという想像をかきたてるものでなければならない。

図表4-2 シナリオ策定・活用の標準的ステップ

ステップ1 トレンドの抽出と「ブラインドスッポット」の発見	ステップ2 未来のイメージの具体化	ステップ3 シナリオのストーリー化	ステップ4 示唆の抽出と共有
シナリオで考慮すべきトレンドを選定 以下の視点で絞り込む ・事業インパクトの大きさ ・自社の準備状況 ・不確実性 ブラインドスポットを発見	抽出したトレンドを組み合わせて情景を設定する それぞれの情景に対して、さまざまな具体的仮説を出す	各情景に対するさまざまな仮説を統合して、体系立ったシナリオを作成する 各シナリオを、ストーリーの形で具体的に描く	各ステークホルダーへの影響を探求する ・市場／業界 ・競合企業 ・顧客 自社への示唆を抽出する ・ロードマップを作成する 自社の備えについて議論する ・戦略やビジネスモデルをチェックし磨き込む ・組織能力面の課題を洗い出す

出所：BCGデータベース
©2016 The Boston Consulting Group

　シナリオプランニングはよいシナリオを構築するところから始まる。よいシナリオとはどんなものだろうか。その条件は3つある。第一に、各シナリオが**非連続で想像力を刺激**するものであること。第二に、シナリオごとに自社事業の**将来の姿が大きく変化**するものであること。そして第三に、シナリオ群が全体として**多様な将来の可能性をカバー**していること、である。

　BCGのシナリオプランニングのアプローチは、通常、4つのステップで進めていく（図表4-2）。最初の3つのステップでシナリオを構築する。そして最後は、経営幹部や重要メンバーが、シナリオから示唆を抽出し、活用するステップである。以下、ステップごとに順を追って解説していきたい。

◉──ステップ1　トレンドの抽出と「ブラインドスポット」の発見

　ステップ1は、シナリオで考慮すべきトレンドの選定だ。自社の事業や業界に影響を及ぼす重要な長期的トレンドを抽出する。社内外の既存データベースやレ

図表4-3　トレンドをマッピングして絞り込む

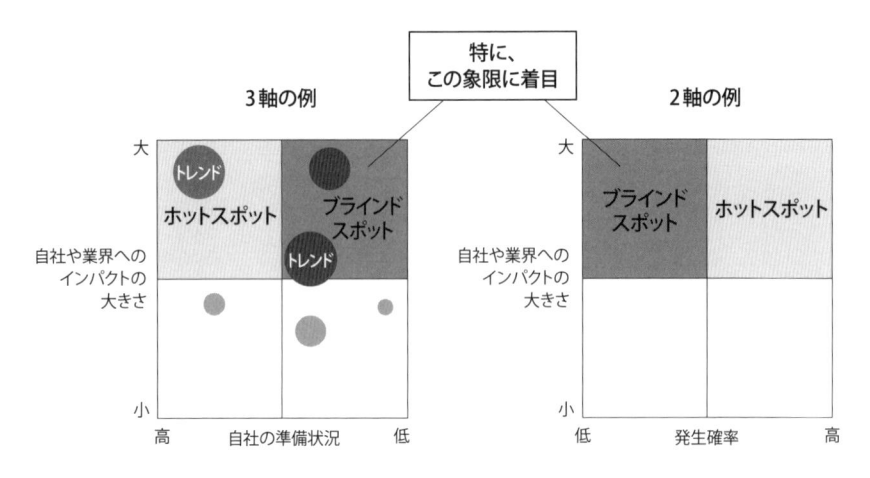

注：円の大きさは不確実性のレベルを示す
出所：BCGデータベース
©2016 The Boston Consulting Group

ポート、各種論考を活用することに加えて、社外の多様な分野の専門家との議論を通じて幅出しをするとよい。BCGでは100項目近いメガトレンドをデータベース化して追跡調査し進化させ続けており、クライアントのプロジェクトではこれを活用することが多い（メガトレンドについて詳しくは、コラム「メガトレンド」をご覧いただきたい）。

　抽出したトレンドは、事業インパクトの大きさ、自社の準備状況、不確実性の3つの視点で評価して絞り込む（図表4-3の左側）。目的や状況により、図表4-3の右側に示すように、この3つのうち2つの視点を用いる場合もある。特に注意すべきトレンドは、自社への影響が大きいことがわかっているのに、企業としての備えが不十分なものや、実際に起こるかどうか不確実なものだ。これらを「ブラインドスポット」と呼んでいる。

　グローバルに展開する大手テクノロジー企業D社の例を見てみよう。D社は2010年代初頭、長期的なイノベーションの方向性について議論した際に、「今、見えているもの」とは異質な世界へと経営層の目を開かせる必要があるというCEOの強い問題意識から、シナリオを活用した経営幹部のワークショップを行

なった。事務局として問題意識の高いミドルリーダーたちを招集し、彼らが中心となって議論材料を準備した。事務局はまず、社会、経済、技術の分野において、今後10〜20年ほどにわたり作用する大きなトレンドを30程度抽出した。次に、これらのトレンドについて社内で意識調査を行なった。その結果をもとに図表4-3の右側のようなマトリクスでマッピングし、ホットスポットとブラインドスポットを中心に、トピック間のバランスも勘案して、シナリオ・ワークショップで取り上げるトレンドを抽出した。

●──ステップ2　未来のイメージの具体化

　ステップ2では、絞り込んだトレンドをベースに、映画のワンシーンを想像する要領で、未来のイメージを具体化する。特定の場面を想起して、トレンドを意識しながら、さまざまな可能性を議論することがポイントである。これを可能にするために重要なのが、「情景」を設定することだ。「情景」とは、重要なトレンドが形になって表れそうな現実的な状況のイメージを指す。外部環境・社会的問題、自社の業界・市場、自社の組織・課題といった項目から4〜6つ程度選定する。たとえば外部環境・社会的問題であれば、規制の変化、都市化、人口動態の変化（高齢化、新興国の人口急増、等）、環境問題など、自社に関連の深いトレンドを踏まえて情景を設定する。情景はさまざまな可能性を議論するためのものなので、同じ種類のトレンドに関連するものばかりが偏らず、多様なトレンドを反映したものがそろうよう注意すべきだ。

　先述のD社では、事務局が、抽出されたトレンドをもとに、外部環境でひとつ、技術・消費者で2つ、ビジネス・経済でひとつの情景を設定した。技術・消費者についての情景のひとつは、「2025年のQ市（ある新興国都市）における11歳の少女の、ある平日の午後」とした。

　別の企業の例では、外部環境・社会という項目で、都市化、人口動態、新興国の経済成長などのトレンドを踏まえて、「2025年のバンガロールでの家族そろってのランチ」という情景を設定。また、自社の業界・市場という項目で、規制や消費者のトレンドを踏まえた情景を2つ、自社の組織・課題という項目で、技術や雇用のトレンドを踏まえて、「2025年の人材採用広告」という情景を設定

した。

　こうした情景を思い描いて、抽出したトレンドについてブレインストーミングを行ない、具体的な仮説を出していく。

　通常、ひとつの情景に対して3～6人くらいのグループで話し合うようにする。このグループで関連するトレンドについて議論し、さまざまなアイデアを考え出す。さらに議論を重ねて、情景ひとつにつき4～5つの仮説にまとめる。仮説は、業界、マクロ経済、社会のいずれかの具体的トレンドに立脚したもので、一見もっともらしく思われ、それでいて現状から考えると起こりそうにないものでなければならない。

　D社の例では、「2025年のQ市（ある新興国都市）における11歳の少女の、ある平日の午後」という情景に対して、都市化、仮想世界の発展、シェアリングなどのトレンドが議論され、「人口が爆発的に増加した結果、陸地だけでは賄えず人工島がつくられ、多くの人がそこに住む」「電力供給が需要増に追いつかず、極度な節電が求められる」「少女自身は、ここで生まれ育っているので、それが当然。特に大きな不満は感じていない」「生活スペースが非常に限定された都市で、人々は仮想世界で多くの時間を過ごす」といった仮説が出されていった。

　各情景に対する仮説ができ上がったら、それぞれの仮説に短くてキャッチーなタイトルをつけて、参加者の頭の中で鮮明なイメージが描けるようにする。

◉──ステップ3　シナリオのストーリー化

　このようにブレインストーミングでさまざまな仮説を出したうえで、ステップ3では、ブレインストーミングや議論を通じて、ステップ2から得られた具体的なイメージを統合し、起こりうる未来について体系立ったシナリオをストーリーの形で構築する。3～4つの異なるシナリオを1組つくり上げるのが望ましい。

　まず、図表4-4に示すように、各情景に対して出されたさまざまな仮説を、論理的に一貫性をもつようにつなげ、シナリオの素材となるパターンをつくっていく。次に、それぞれのパターンをストーリーの形で具体的に描き上げて、シナリオにまとめ上げる。直感的に未来像とそこへ至る経緯を理解し、自分たちの役割や行動のあり方をイメージできるようなシナリオにするためには、小説や映画、

図表4-4　各情景に対する仮説を一貫性を持つようにつなげて、シナリオの材料をつくる

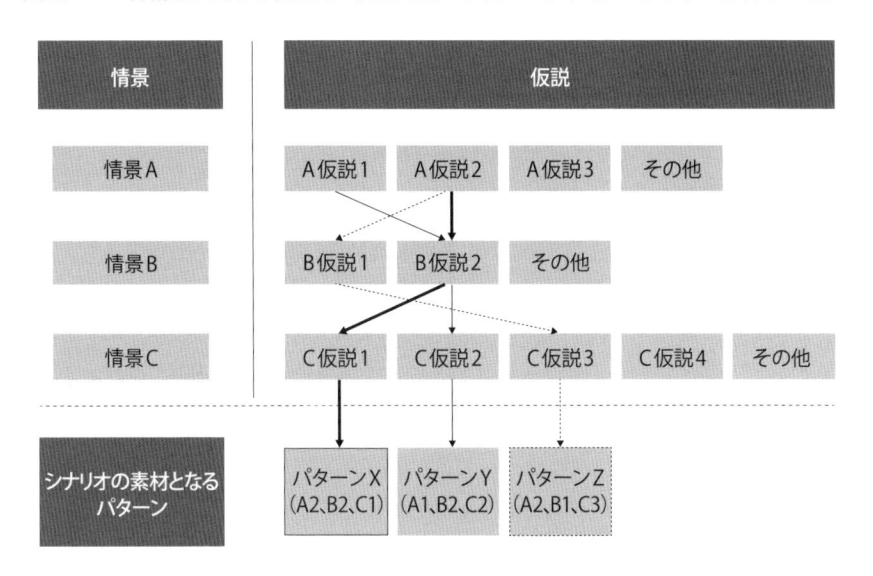

情景	仮説				
情景A	A仮説1	A仮説2	A仮説3	その他	
情景B	B仮説1	B仮説2	その他		
情景C	C仮説1	C仮説2	C仮説3	C仮説4	その他
シナリオの素材となるパターン	パターンX (A2、B2、C1)	パターンY (A1、B2、C2)	パターンZ (A2、B1、C3)		

出所：BCGデータベース
©2016 The Boston Consulting Group

演劇のような強いストーリーラインが必要となる。

　シナリオには極端な可能性が織り込まれ、いずれも細かな部分までそのまま実際に起こることはあり得ない。しかし、どのシナリオも現実味があり、さまざまな機会や脅威を暗示するものでなければならない。これらのシナリオが実現可能な未来であると考えることで、参加者の意識や発想の幅が大きく広げられ、想像力が鍛えられる。

　BCGの経験では、特にこのステップでは議論を巧みに進行してくれるファシリテーターが必要となる。それまで行なってきたアプローチや準備をよく理解していて、参加者を活気づけ、建設的な議論を促していける人が望ましい。できれば、社外の人や社内の別の分野の人など、中立的な立場の人であれば理想的である。

　D社の場合も4つのシナリオを作成した。そのうちのひとつを紹介すると、「自給自足のマイクロコミュニティ」というものだ。これは主に、「都市化の進展によるサバイバル競争」「ソーシャル・メディア、仮想化技術の発展」「シェアリン

グの進展」「人々のフェース・トゥ・フェースでのふれあいの大幅減少」「グローバル化の停滞」「家族の崩壊」という仮説を組み合わせてつくられた。こんな具合に具体的な光景が描写される。「人口の爆発的増加の結果、水上の人工島に多くの人々が住み、それぞれにコミュニティができている。エネルギー供給が需要に追いつけず、可能な限り省エネルギーを進めるとともに、再生可能エネルギーが多く活用されている。食糧も含め、多くの物資が島内で自給可能になっている。節電が必要なため、携帯端末は使えない。陸地や他の人工島の人々とは、共有のITルームからコミュニケーションをとりあう。仮想世界で暮らす時間が増え、人と人のつきあい方や家族のあり方は、現在とは大きく変貌している……」。

●──ステップ4　示唆の抽出と共有

　シナリオをつくり上げた後、それらのシナリオをもとに経営幹部や重要なメンバーが戦略的議論を行なうプロセスは、大きな価値をもたらす。自社にとって影響の大きいメガトレンドを盛り込んだシナリオは、起こりうる変化への認識の範囲を広げ、従来の経営の概念から抜け出し、創造的で企業家的な思考をすることを経営幹部らに促す。

　このシナリオが実現するとしたら、自分たちの組織にどんな影響が及ぶか、顧客にはどうか、競合他社への影響はどうか。どのようなチャンスや脅威に直面するのか。自分たちはどんな戦略を実行するのか、何をどう変える必要があるのか。新たな環境で成功するには何が必要になるか。シナリオで描かれるような変化に早く気づくための「かすかなシグナル」や先行指標のようなものは何だろう。このシナリオのような環境に備えるために今日何をすべきか……。これらの問いかけに真剣に向き合うことになる。

　シナリオのこうした実践的価値を活かすためには、シナリオの準備までは事務局や専門家に任せてもよいが、シナリオを完成させ、そこからの示唆を抽出し、自社としての対応策を考えるプロセスは、幹部や重要メンバーが自ら行なうことが重要である。これらのプロセスを幹部らが実際に体験することで、シナリオが示す未来像を共有し、想定できない変化に対して、よりよい備えをするための基盤をつくることができる。

D社の場合も、シナリオに描かれた異質な世界観を共有することで、事業の進むべき方向や商品・サービスのあり方について、従来とは次元の異なる創造的な議論を、焦点を絞った形で行なうことができた。こうした議論から、たとえば「シェア」（共有）という観点での技術や事業企画、ポテンシャルのあるプレーヤーへの投資などがクローズアップされた。現在では「シェアリングエコノミー」が広がりつつあるが、2010年代初頭にこうした動きを明確に察知し、取り組みを始めるのは競合企業に先駆けた動きであった。

◉──シナリオをどのように取り入れるか

　以上、シナリオ構築・活用の概要を紹介してきたが、このようなシナリオの具体的な活用方法は、大きく3つ考えられる。

　ひとつ目は、自社の**戦略やビジネスモデルの磨き込み**である。さまざまなシナリオに照らし合わせて戦略をチェックすることで、不確実性への備えが格段に向上する。たとえば長期事業戦略策定、中長期イノベーション・R&D戦略策定、成長戦略における新規事業機会や新たなビジネスモデルの探索などの一環として、シナリオを活用する例も多い。また、リスクマネジメントの視点での戦略やビジネスモデルの監査に使われる場合もある。そのほか、さまざまな戦略立案・監査に応用可能である。

　2つ目は、**組織能力面での課題の洗い出し**である。組織が変化に対応する柔軟性とスピードは、そのまま業績に影響する。どのような形で変化の予兆を察知できるか、シナリオに描かれた現象の影響は組織内の各部門の業務にどのような形で現れるのか、といった観点での組織力の評価にもシナリオは活用可能だ。人材マネジメント・採用、組織、プロセス、サプライチェーンなどの監査や戦略策定の一環として、シナリオが使われる場合も多い。

　3つ目は、参加型のシナリオ策定・示唆抽出の体験を通じた**組織の活性化や一体感の醸成**である。シナリオ・ワークショップに参加した役員やメンバーの多くは、固定観念を払拭できた、部門間の連携力が向上した、などの効果を実感している。

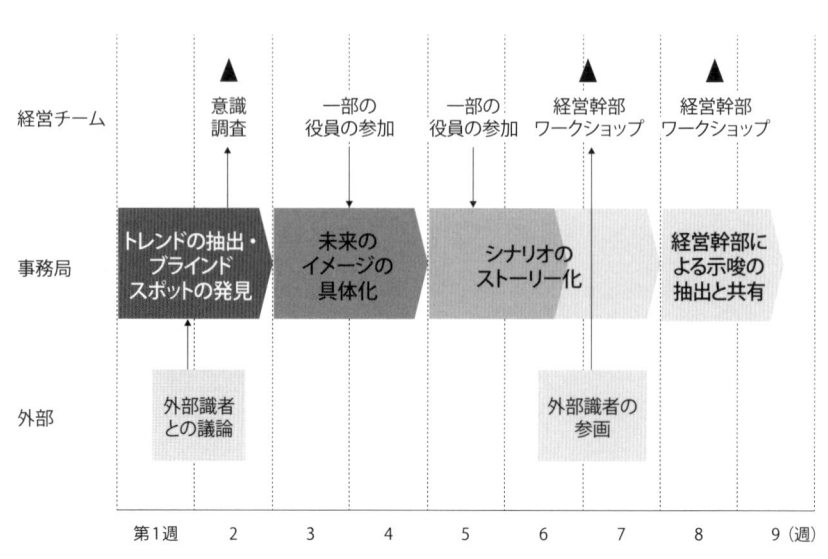

図表4-5　D社のシナリオ策定・活用のプロセス

| 経営チーム | | 意識調査 ▲ | | 一部の役員の参加 | | 一部の役員の参加 | 経営幹部ワークショップ ▲ | 経営幹部ワークショップ ▲ |

| 事務局 | トレンドの抽出・ブラインドスポットの発見 | | 未来のイメージの具体化 | | シナリオのストーリー化 | | 経営幹部による示唆の抽出と共有 |

| 外部 | | 外部識者との議論 | | | | 外部識者の参画 | |

第1週　2　3　4　5　6　7　8　9 (週)

©2016 The Boston Consulting Group

　実際の運用に当たっては、前述のシナリオ構築と活用のステップを、状況や目的に応じて柔軟に設計することが可能だ。プロセスの中のどこかのパートに特に時間をかけることもできれば、どこかのパートは短時間で済ますこともできる。

　前述のD社の場合は、事務局による準備・フォローアップと、経営層によるワークショップを組み合わせて行なった。比較的時間のかかる準備作業を事務局が行なったうえで、シナリオ策定の最終段階と、示唆の抽出および対応策の議論は、経営層自らが集中的に時間をかけて行なえるようにしたのである（図表4-5）。具体的には、前述の4つのステップのステップ1は事務局が行ない、ステップ2からステップ3の途中までは事務局が中心になって一部の役員が参加して行なった。そのうえで、ステップ3のシナリオの最終化と、ステップ4のシナリオをもとにした議論のために、経営陣による半日のワークショップを2回行なった。シナリオ作成後のフォローアップや、関連組織・メンバーへの共有のためのコミュニケーションも事務局がサポートした。

　ワークショップでは、経営陣による議論の前に、経済学者、社会学者、NPO

代表など数人の識者から、ブラインドスポットのメガトレンドについて1人10分程度、参加者の視界を広げるような話をしてもらった。シナリオと識者の話という、日常のビジネスとは別次元の刺激により、経営幹部1人ひとりが今まで見えていなかった異質の世界へと意識を広げることができた。逆に言えば、こうした人為的な刺激がなければ、「見たいものを見る」習性にとらわれ、「見えないものを見る」ようにすることは難しかったであろう。

　ここで、日本企業がシナリオプランニングを導入する際に留意すべき点をあげておきたい。日本企業は一般に、仮定の議論を机上の空論と軽視する傾向がある。また、自社に不利な事業環境の前提を、「やる気がない」「縁起が悪い」と回避する場合がある。

　BCGの経験では、次のような2つの工夫をすることで、こうした傾向のある組織にもシナリオプランニングをうまく導入できることが多い。ひとつは、実務責任者を巻き込み、短期間でシナリオを策定すること。もうひとつは、本格的なシナリオプランニングに入る前に、実利を明確にすることである。チェックリストを用いて、自社の備えが不十分なトレンドをあぶり出すだけで、関係者の目の色が変わるものだ。

　次の節では、シナリオプランニングを実際に活用したUNIFE（欧州鉄道産業連合）の事例を紹介しながら、シナリオの構築と活用のしかたや、シナリオの実践的価値について、より具体的に見ていきたい。

Column

メガトレンド

　シナリオを作成するときには、世の中の大きな変化を正確に捉え、自社のビジネスにあてはめて考えることが重要である。BCGでも、クライアントから5〜10年先の経営ビジョンや次の10年を支える柱となる事業を、どのように策定し開発したらよいかという相談を受けることが多い。そうしたビジョン策定や新規事業開発においてカギとなるのが、世の中の大きな構造変化、すなわちメガトレンドを見通し、それをビジョンや成長戦略に組み込むことである。最初の見通しがきっちりできているかどうかで、その後の意思決定の質に大きな

差が生じる。

　10年先の経営環境はどうなっているか、そのときに自社はどのような立ち位置にあるのか。未来を言い当てることは、きわめて難しい。しかし、10年、20年にわたって継続的に世の中の変化に作用するだろうトレンドから、これから起こる構造変化の本質を読み解き、未来の可能性に対して企業としての備えと対応の意思決定をすることはできる。

　メガトレンドとは、10～20年の長期スパンにわたり非常に高い確からしさで発生することが予見される、非連続かつ不可逆な変化の潮流のことだ。一時的な流行や漸進的な変化とは異なる。BCGでは、メガトレンドの要件を次のように定義している。

　①実際に起こる可能性が非常に高い
　②インパクトが非常に大きい
　③企業にとっての戦略的意味合いが大きい
　④反響が広範囲に及ぶ
　⑤世の中の仕組みを根本的に変える
　⑥長期間にわたって持続する

　図表4-6は、BCGが追跡調査を続けているメガトレンドの例である。社会、経済、技術、生活・環境の4つのカテゴリーに分類し、合計100近いトレンドをデータベース化して、継続的に進化させている。

　社会トレンド、経済トレンド、技術トレンド、生活・環境トレンドの劇的な変化が連鎖しながら、あらゆる業界に「不連続な変化」をもたらす。ここに抽出された項目をざっと眺めただけでも、現在の延長線上に未来はないことがわかる。

　1つひとつのトレンドを見ると、おそらく誰もが感覚的には気づいているだろうと思われるものが多い。しかし、メガトレンド全体を俯瞰し、さらに個々のメガトレンドがもつインパクトや進行のスピードを的確に把握することはそう簡単ではない。

　メガトレンドはあらゆるマーケットに不均衡をもたらし、企業の価値創造の前

図表4-6　**BCGのメガトレンド・データベース（例）**

社会トレンド	経済トレンド	技術トレンド	生活・環境トレンド
人口動態 • 高齢化 • 移民、民族の多様性 • 女性の社会的役割の拡大 ⋮	**経済・雇用** • アウトソーシング、オフショアリング • 業界再編、M&A • 生産性・パフォーマンス重視 • 人材争奪戦	**プラットフォーム** • 帯域幅 • Web 2.0、ITコミュニティ • ネットワーク • コンバージェンス（メディアやテクノロジーの融合） ⋮	**資源** • 廃棄物処理 • 水不足 ⋮
消費トレンド • ワンランク上／下の消費 • カスタマイズ • 健康志向、心身の健康 • 時間不足 • ブランドへの共感 ⋮	**資金フロー・投資** • 途上国への資本流入 • オルタナティブ投資（VC、ヘッジファンド等）の拡大 • 社会的責任投資 ⋮	**新技術** • ナノテクノロジー • 新素材 • モバイル端末 • ワイヤレス・コミュニケーション • インターネット・アクセス ⋮	**環境危機** • グリーン製品・市場 • 地球温暖化に対する認識 • 炭素クレジット **生活満足度** • 宗教 • 幸福観 • ニュー・コミュニティ ⋮
流動性 • 貿易 • コミュニケーション • 運輸・交通 • 人の流動性 ⋮	**商取引** • トレード、コマース • 自由貿易圏 ⋮	**生命科学・ヘルスケア** • 医療費 • バイオテクノロジー、プロテオミクス • 栄養補助食品、機能性食品 ⋮	**政府の取り組み** • 民営化 • 教育・研修への投資 • 多極化する世界
クローズVSオープンシステム • 知的財産権 • オープン・イノベーション • オープン・ソース	**富の形成・分散** • 富の偏在、地域格差 • オフショア投資 ⋮ **グローバル化** • 新興国企業の台頭 • 中国他新興国の成長 • 新興国・途上国の中間層の勃興 ⋮	**エネルギー** • 資源の希少性 • 代替エネルギー源 • 持続可能な輸送システム（例：ハイブリッド車、電気自動車、燃料電池） ⋮	**リスク・安全性** • 保険損失 • 破綻国家 • なりすまし犯罪 • 自然災害の増大 • グローバル・パンデミック・リスク
中央集中型VS分散型 • 都市化 • グリッド・コンピューティング ⋮			**ビジネスの役割** • 企業の透明性向上 • NGO／NPO • CSR ⋮

出所：BCGデータベース
©2016 The Boston Consulting Group

図表4-7　メガトレンド・チェックリスト

Foresight	そのメガトレンドが新しいかどうかではなく、その進展のペースを継続的に注視する 既知のメガトレンドと新たなメガトレンドの両方の進展を見守る 広範な情報源や専門家を活用して思考の枠を広げる
Action	メガトレンドに対して行動を起こすことが、メガトレンドに気づくことよりさらに重要 ビジネスモデルと市場・商品の両次元で行動を起こす
Alignment	自社が手がけている領域と、まだ着手していない領域を把握する 経営陣が最前線で学び、優先課題にベクトルを合わせる

出所：BCGデータベース
©2016 The Boston Consulting Group

提条件を大きく変える可能性が高い。10年後、企業が生き残っていくためには、これらのメガトレンドをベースに未来を予測し、それを事業戦略に盛り込むことが必要である。変化に乗り遅れることは敗北を意味する。一方、変化にうまく対応できれば大きなチャンスを勝ち取ることも可能となる。経営者をはじめビジネスパーソンには、メガトレンドの動きに敏感になることが求められる。

　図表4-7に、メガトレンドに関わる注意点をチェックリストの形で掲げておく。企業・組織としても、個人としても、自社・自分にとって大きなインパクトを及ぼす可能性があるメガトレンドを特定して、それが将来の顧客や市場、商品に及ぼすであろう影響を先読みし、戦略策定プロセスに組み込むことが重要である。メガトレンドというレンズを通して見ることで、見えていなかった機会や脅威が見られるようになる可能性が高まる。

UNIFE（欧州鉄道産業連合）：起こりうる変化への認識範囲を広げる

　UNIFE（欧州鉄道産業連合）はヨーロッパの鉄道輸送システムとその関連機器の設計、製造、維持、修理を行なう企業で構成される業界団体である。ABB、

アルストム、シーメンスなど大手および中小民間企業のほか、ヨーロッパの多くの鉄道工業団体が会員となっている。

2008～2009年はじめに起こった金融危機とその後の景気後退によって、ヨーロッパ各国で貨物輸送量が大幅に減少した。また、企業の出張の抑制などにより旅客数も落ち込んでいた。企業間の取引のパターンも変わりつつあるように思われた。新たな競合企業も現れていた。政府は規制を強め、消費者の裁量支出も減少するのではないかと思われた。

2010年、こうした状況下でUNIFEのメンバー企業の経営幹部たちは、2025年の世界の鉄道産業が現在の延長線上にはないことをはっきりと認識していた。短期的、中期的な対応策をとるだけでは不十分で、長期的に鉄道産業はどうなっていくのか、事業環境はどのように変化するのか、を考えて、それを踏まえた戦略を考える必要があった。それには、これまでよりはるかに思考の幅を広げ、創造的に考えることが求められていた。

しかし、これはそう簡単なことではない。そこでUNIFEはシナリオの力を借りてこうした議論を実現できないかと考え、メンバー企業の経営幹部数十人が参加するシナリオ・ワークショップを、まる1日かけて行なうことを決めた。ワークショップの準備をするために、メンバー企業数社の幹部たちを集めて小さなワーキング・グループ（作業部会）が編成された。そして、進行役としてBCGが支援することになった。

前述の4つのステップのステップ1「トレンドの抽出」と、ステップ2「未来のイメージの具体化」の前半に当たる「情景の設定」までを、ワーキング・グループが中心になって行なった。そして、経営幹部数十人のワークショップで、ステップ2「未来のイメージの具体化」の後半の、各情景に対してさまざまな仮説を出していく段階から、ステップ3「シナリオのストーリー化」とステップ4「示唆の抽出と共有」までを集中的に行なった。

●──ワーキング・グループの準備：トレンドの抽出と情景の設定

ワーキング・グループは4週間かけて、シナリオ・ワークショップの準備をした。彼らは、鉄道業界の将来に影響を及ぼすメガトレンドを注意深く選択し、そ

図表4-8　UNIFEの例：情景の設定

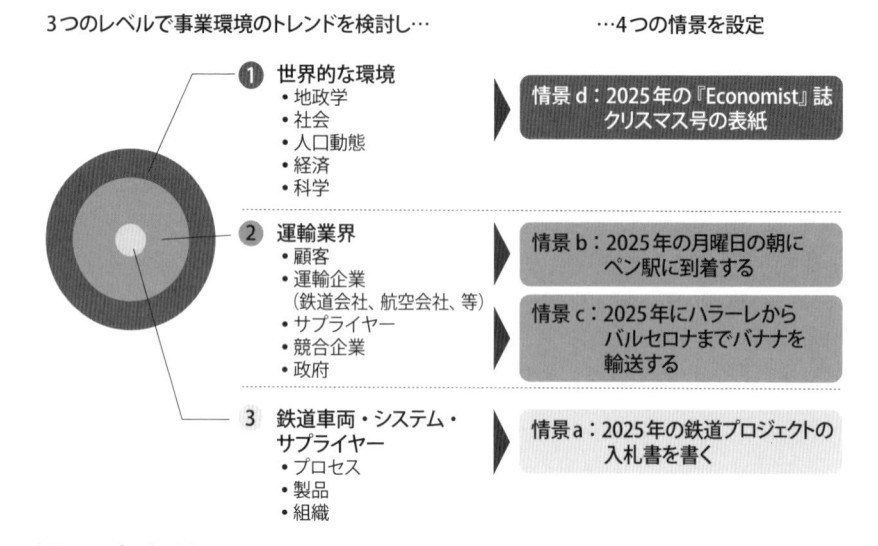

3つのレベルで事業環境のトレンドを検討し…　　　…4つの情景を設定

① 世界的な環境
- 地政学
- 社会
- 人口動態
- 経済
- 科学

情景d：2025年の『Economist』誌クリスマス号の表紙

② 運輸業界
- 顧客
- 運輸企業（鉄道会社、航空会社、等）
- サプライヤー
- 競合企業
- 政府

情景b：2025年の月曜日の朝にペン駅に到着する

情景c：2025年にハラーレからバルセロナまでバナナを輸送する

③ 鉄道車両・システム・サプライヤー
- プロセス
- 製品
- 組織

情景a：2025年の鉄道プロジェクトの入札書を書く

出所：BCGプロジェクト
©2016 The Boston Consulting Group

れらに関するデータを分析した。主要なステークホルダーにも話を聞きに行った。

　ワーキング・グループが抽出した特に重要なメガトレンドには、「都市化」「人口の拡大と高齢化」「化石燃料の不足」「モビリティの向上」「グローバリゼーションと貿易障壁の変化」「製品のカスタマイズ」「インド、中国など新興国の台頭」「通信テクノロジーのブーム」「代替エネルギー」「テロへの関心の増大」などがあった。

　これらをもとに、まず、ワークショップで議論する題材となる「情景」のアイデアを出すためのブレインストーミングを行なった。最初に大きな地球環境に関するトレンド、たとえば地政学、人口動態、世界経済の動向などに着目し、次に運輸産業全般、最後に鉄道関連産業へと順次視点を移して発散的議論を行なった。この発散的議論を通じて10～12個ほどの情景の候補をつくり出し、その後、収束的議論を行なった。最終的に「2015年の変化」についてワークショップで議論するための情景を、以下の通り4つ設定した（図表4-8）。

ⓐ 2025年の新しい鉄道プロジェクトの列車の入札書を書く
ⓑ 2025年の月曜日の朝、ニューヨーク・ペン駅に到着する
ⓒ 2025年にジンバブエの首都、ハラーレからバルセロナへバナナを輸送する
ⓓ 2025年の『Economist』誌クリスマス号の表紙

最も大きな地球環境に関しては、情景ⓓの「2025年の『Economist』誌クリスマス号の表紙」はどうなるか、という情景を用いて議論することにした。運輸業界については、情景ⓑの「2025年の月曜日の朝、ニューヨーク・ペン駅に到着する」、および、ⓒの「2025年にハラーレからバルセロナへバナナを輸送する」を、鉄道業界については、情景ⓐの「2025年の新しい鉄道プロジェクトの列車の入札書を書く」をめぐって考えていくことにした。

どの情景に対しても、さまざまな疑問が浮かんでくる。たとえば、「ⓑ月曜日の朝、ニューヨーク・ペン駅に到着する」を考えてみると、そのときの列車はどのような列車なのか、駅はどのような状態か、乗客は人口動態的に見てどのような層が多いのか、等々といった具合だ。

●──経営幹部によるシナリオ・ワークショップ

シナリオ・ワークショップの当日、UNIFEのメンバー各社から参加した経営幹部たちは、それぞれの情景についてブレインストーミングを行ない、仮説を出していった。

このワークショップでは、どの情景についても斬新な仮説がいくつも考え出された。その中のいくつかを紹介しよう。

「ⓐ 2025年の新しい鉄道プロジェクトの列車の入札書」に対しては、「ヨーロッパ市場全体にわたる大規模な入札が10年に一度行なわれ、勝者がすべてを独り占めする」という仮説が生まれた。これには「巨象」というタイトルをつけた。また、「メーカーが車両をカタログ販売するようになっており、顧客は入札ではなくオンライン・カタログを通じて列車を購入する」という仮説もあり、「クリックして購入」というタイトルがつけられた。他に、車両メーカーが運行やインフラまで含めたフルサービスのソリューションを提供する「完全なモビリ

ティ・ソリューション」、ナショナリズムが強まり、入札は現地の言語で行なわれ、現地企業が優先されるという「鉄のカーテン」、といった仮説もあった。

「ⓑ2025年の月曜日の朝、ニューヨーク・ペン駅に到着」では、「安全への意識が極度に高まり、密閉された『チューブ』で移動。乗客は列車の一方の端から乗り、もう一方の端から降りる。駅には売店もサービスも存在しない」という仮説がつくられた。これには「牢獄」というタイトルがつけられた。「鉄道による高速輸送、ペーパーレス・チケット、バス・列車・地下鉄チケットの完全な相互運用により、多くの人々が鉄道を利用する。駅は混雑しているものの、人の動きは効率的」という仮説もあった。これには「快適な列車の旅」というタイトルをつけた。「街全体が高層ビル群となり、ペン駅もその延長となる。列車の運行は長距離路線しかなくなる」という「都市の頂」、「ダウンタウンに人がいなくなり、ペン駅は廃止される」という「幽霊」、などの仮説も生まれた。

「ⓒ2025年にハラーレからバルセロナへバナナを輸送」についても刺激的な仮説がいくつかつくられた。「欧州におけるフェアトレードの促進によりアフリカに商機が訪れ、鉄道産業も好況に沸く」という「フェアトレードブーム」。「新鮮な食品を早く低価格で手に入れたいという消費者の需要が高まり、安価で環境にやさしくなった航空輸送がこれに応え、鉄道にとって代わる」という「快速バナナ」。「二酸化炭素排出の増加を抑えるために、太陽エネルギーを動力源とする列車がアフリカに広がる。モロッコのタンジールとイベリア半島の南東端のジブラルタルの間に海底トンネルができ、拡充された鉄道網がアフリカの発展に弾みをつける」という「新エネルギーで走る列車」という仮説もあった。さらに、「地元の産物への信頼の高まり、保護主義、地球温暖化などがあいまって欧州でもバナナが栽培されるようになり、バナナの長距離輸送の必要はなくなる。全般に長距離輸送は大幅に減少する」という仮説もつくられ、「地産地消」というタイトルがつけられた。

「ⓓ2025年の『Economist』誌クリスマス号の表紙」に対しては、「安価な自然エネルギーが無尽蔵に使える時代がやってくる」という「プラチナ時代」、「中国が世界最大の経済国となり、世界トップクラスの経営者、大学、人材が集まる」という「北京1、ニューヨーク0」、「誰もが物理的アイデンティティとともに仮想世界のアイデンティティをもつ。クリスマスディナーがウェブカメラを通じ

図表4-9　UNIFEの例：各情景に対する仮説を組み合わせてシナリオをつくる

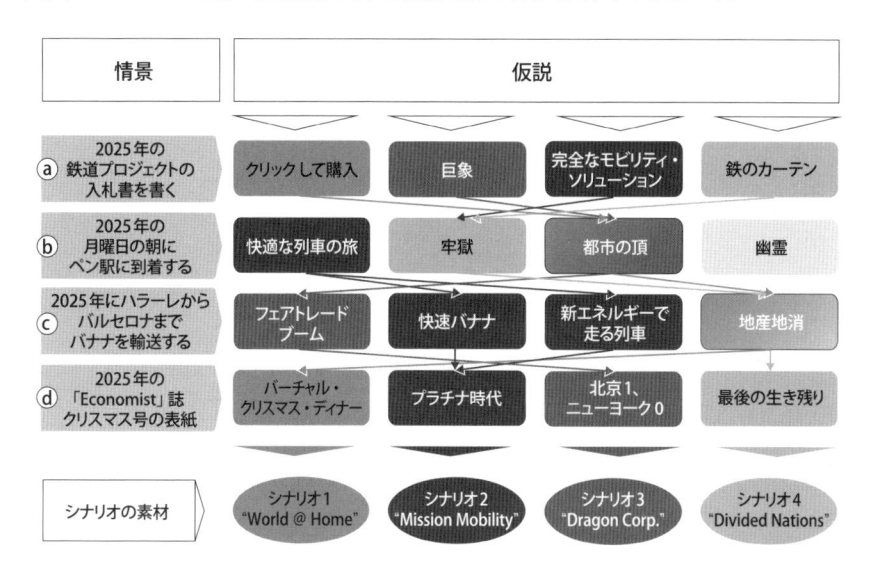

情景	仮説			
(a) 2025年の鉄道プロジェクトの入札書を書く	クリックして購入	巨象	完全なモビリティ・ソリューション	鉄のカーテン
(b) 2025年の月曜日の朝にペン駅に到着する	快適な列車の旅	牢獄	都市の頂	幽霊
(c) 2025年にハラーレからバルセロナまでバナナを輸送する	フェアトレードブーム	快速バナナ	新エネルギーで走る列車	地産地消
(d) 2025年の「Economist」誌クリスマス号の表紙	バーチャル・クリスマス・ディナー	プラチナ時代	北京1、ニューヨーク0	最後の生き残り
シナリオの素材	シナリオ1 "World @ Home"	シナリオ2 "Mission Mobility"	シナリオ3 "Dragon Corp."	シナリオ4 "Divided Nations"

出所：BCGプロジェクト
©2016 The Boston Consulting Group

て行なわれ、仮想世界の家族とオンラインでプレゼントを交換する」という「バーチャル・クリスマス・ディナー」という仮説もあった。さらには、「地球上の環境破壊により人類は絶滅の危機に瀕する。水中や空中に都市がつくられる」という仮説まででき、「最後の生き残り」というタイトルがつけられた。

　次に、これらの仮説を一貫性をもつようにつなぎ合わせて具体的なストーリーをつくっていった。これらのストーリーがシナリオの素材となる。図表4-9は、さまざまな仮説をどのように結びつけてシナリオの素材を組み立てていったかを示したものだ。「都市の頂」「地産地消」のように2度使われた仮説もあれば、「幽霊」のように使われなかった仮説もある。「快速バナナ」と「新エネルギーで走る列車」のように組み合わせて使われた仮説もある。こうして4つのシナリオの素材がつくられ、それぞれに対して、象徴的で生き生きとしたイメージが広がるようなタイトルをつけた。

　しかし、この4つの素材はまだシナリオとは言えない。さらに肉づけして、起

こりうる将来のイメージをより具体的なストーリーとして描き上げる必要がある。各シナリオはどういった状況で展開するのか、あるいは、どんな出来事がトリガーとなって引き起こされるのか。各シナリオは関連するトレンドとどのように結びついているのか。自社の組織や事業、および、顧客、サプライヤー、投資家などのステークホルダーにどのような影響を及ぼすのか。どんな脅威、課題、リスクが生じ、どんな機会や優位性がもたらされうるのか。参加者全員がシナリオの世界に入り込んで想像力を働かせ、こうしたことを探っていった。

●──４つのシナリオ

　このようなプロセスを経て、ワークショップの終わりには、次の４つのシナリオの大筋ができ上がった（図表４-10）。

　World@Home「自宅から世界につながる」
　通信テクノロジーの発展により、世界中でバーチャルなコミュニケーションがますます盛んになる。人々は自宅で仕事をすることができるようになり、その結果、生産性が向上する。輸送においては、人の移動のウェイトは小さくなり、モノの運搬が主流となる。ただし、環境面や栄養面の不安から、地産地消の需要が高まり、農水産物や食品の輸送は減少する。世界中で都市化がさらに進み、裕福な都市と貧しい農村地帯の格差が広がる。

　Mission Mobility「交通の使命」
　エネルギー科学の進化により、低コストで環境にやさしい輸送テクノロジーがめざましく発展し、人の移動とモノの運搬の増加につながる。鉄道業界には変革への圧力が高まる。スピード、サービスの質、価格の面で、他の輸送手段との激しい競争が繰り広げられ、飛行機や自動車との差別化がますます求められるようになる。顧客企業や消費者は、継ぎ目なく統合された一貫輸送を待ち望むようになる。

　Dragon Corp.「中国の台頭」
　先進国の経済は停滞が続く一方、成長の最強の原動力となった中国が世界の

図表4-10　UNIFEの例：2025年の4つのシナリオ

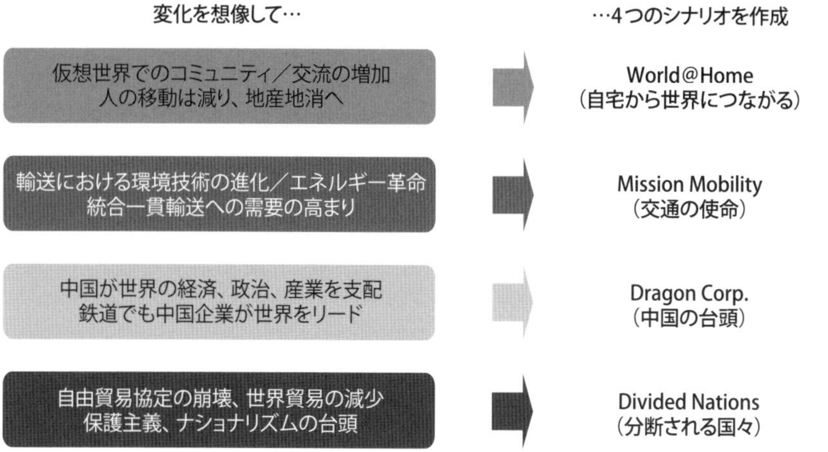

変化を想像して…　　　　　　　　　　　…4つのシナリオを作成

変化	シナリオ
仮想世界でのコミュニティ／交流の増加　人の移動は減り、地産地消へ	World@Home（自宅から世界につながる）
輸送における環境技術の進化／エネルギー革命　統合一貫輸送への需要の高まり	Mission Mobility（交通の使命）
中国が世界の経済、政治、産業を支配　鉄道でも中国企業が世界をリード	Dragon Corp.（中国の台頭）
自由貿易協定の崩壊、世界貿易の減少　保護主義、ナショナリズムの台頭	Divided Nations（分断される国々）

出所：BCGプロジェクト
©2016 The Boston Consulting Group

経済、産業、金融市場を支配する。トップクラスの人材が中国に集まり、中国の大学も世界最高レベルになる。中国の鉄道会社が最先端の技術と低コストで世界をリードする。中国国営の大企業がアフリカや南米の資源を開発する。世界の鉄道関連市場では中国のサプライヤーが上位を占め、先進国企業は料金値下げやサービス拡充により生き残りを模索する。

Divided Nations「分断される国々」

世界経済は低成長が続き、世界各地で保護主義が蔓延する。EU、WTOなど種々の自由貿易協定は崩壊する。世界中でナショナリズムが台頭し、国・地域間の障壁が高まる。その結果、交通はほぼローカルに限定され、国をまたいだ行き来は最小限となる。サプライヤーもほぼすべて自国企業が占めるようになり、政府から補助金を受ける。

これらのシナリオで描かれた事象の中には、本書の執筆時点ですでに現実に起こっていることや、近い将来起こる可能性が高いと予想されているものもあ

る。しかし、策定された時点では、この4つのシナリオはどれも斬新で非常に刺激的なものだった。起こりうる未来の姿を具体的に描き出し、異質の世界を想起させるシナリオをもとに議論することで、参加者の視野が広げられ、今までとは違う発想が誘発された。

シナリオの力を借りて、新たな視点で既存の戦略を評価し、根本的に新しい戦略について考えをめぐらすことが可能になったのである。

変化適応力向上に向けて

UNIFEのワークショップの参加者たちは、変化を続ける世界に向けてどう立ち向かい、どう計画を策定するかを考えるうえで、これらのシナリオが刺激的かつ実践的な助けとなることを実感した。さらに彼らは、これらのシナリオが鉄道会社、車両・システムメーカー、サプライヤー、顧客（消費者および法人顧客）、規制機関、および各メンバーの自社組織、競合企業に及ぼす影響を考察した。

そして、重要なテーマについて「**ディープダイブ（深掘り）分析**」を行なった。そのテーマとは、「中国など新興国の台頭」「政府の規制の変化」「新しい破壊的テクノロジー」「鉄道会社の事業環境の変化」「ビジネスモデルの進化」「統合型一貫輸送やカスタムメイドのサービスへの要請」の6つだ。このシナリオ構築とディープダイブを通じて、参加者たちは今まで見えていなかった未来の可能性（脅威と機会の両面）に目を開かされ、従来の思考や議論では得られない深い洞察を得ることができた。

一連のプロセスの最後に、UNIFEはメンバー企業のCEOやリーダーたち200人ほどを集めた会議を催し、ワークショップに参加した数十人のメンバーがシナリオとディープダイブの結果を共有した。また、4つのシナリオの概要をまとめた資料を作成し、年次報告書にもシナリオをイラストつきで掲載した。こうして共有することで、この議論に直接参加していない人たちにもそれぞれのシナリオの論理的根拠や示唆が理解できるようにしたのである。これらの資料を利用して各社でコミュニケーションを図った結果、メンバー企業内、メンバー企業間での戦略的な計画や意思決定のベースとなる共通言語が醸成されていった。

その後、多くのメンバー企業でこれらのシナリオが戦略策定に活用され、新たな戦略的方向性に沿った打ち手が進められている。一例をあげると、新興国企

業の参入障壁の高い領域へのフォーカス、メンテナンスのスコープの拡大、市場投入までの期間を短縮するための研究開発プロセスの改善、などである。

シナリオ・ワークショップに参加したメンバー企業の役員たちは、次のような感想を語っている。

> 「知的やりがいのある、とても新鮮な体験でした。このアプローチにより、私たちは一般的通念の枠を超えて未知の領域で考えることを迫られました。その結果でき上がったシナリオは、長期戦略を立てるための貴重な基盤となりました」

> 「これらのシナリオは極端ではありますが、決して観念的なものではありません。鉄道業界は進化し続けていて、これらのシナリオが組み合わさった状況に直面しつつあることに、私たちはすでに気づき始めています」

この体験が、メンバー各社にとって「かすかなシグナル」を察知し、市場の変化を先取りして、創造的に適応できる態勢を整えていくための大きな力となったことは間違いない。

後日談になるが、UNIFEのワークショップの参加者たちの大多数が、当時、「Dragon Corp.」のシナリオは極端すぎると感じていた。しかし、その後、このシナリオの多くの要素が現実となっていった。前にも述べたように、シナリオが実現する確率は問題ではないが、その時点ではあり得ないと思われるような事象を想定し、そうした事態への備えを検討していくことに大きな意義がある。

このシナリオ・ワークショップを経験したことで、参加企業の多くが、将来の変化への対応を考える際に、中国企業の欧州および世界市場への進出を大したことはないと軽視することなく、予めその進展の可能性や業界・自社への影響を検討し、対応策を考えることができた。

BCGは参加者たちに、シナリオ策定後も常に警戒を怠らないようアドバイスした。世の中は時々刻々と変化していく。一度つくったシナリオが、いつ時代遅れになったり、意味がなくなったりするかわからない。そのため、シナリオを定

期的に見直すとともに、あらゆるトレンドの進展と新たな変化の兆候に留意し続けることを推奨した。

BCGからのメッセージ

2016年になってから経営者のシナリオプランニングに対する関心が急速に高まっている。背景には、AI、IoT、ロボティクスなど技術革新の大波が、企業のあり方に大きな影響を及ぼすという共通認識がある。もちろん、マネジメントチームが未来学者集団になっても会社は1円も儲からない。シナリオプランニングは、あくまでも不確実性の高い環境下の経営課題解決に向けたひとつのツールである。「想定外」の展開をなるべく「想定内」にしたうえで、どう儲けるのか、どう成長させるのか、という経営判断に収束させる。

実際、シナリオプランニングのプロセスでは、経営判断の拠りどころとなるビジョンを研ぎ澄ますこと、変化対応のための投資を可能にするために経営効率改善策を徹底すること、などが重点的に検討される。そして、シナリオを活用して組み立てた立体的・動的な戦略を実践できる組織にどう進化させるかという課題を深く追求することが多い。

BCGシニア・パートナー　木村 亮示

第5章
TSR
―― 株主視点からの企業価値向上戦略

持続的成長の実現に不可欠な
企業価値の視点

　本書では、新市場を創造して持続的な成長を実現するために有効な戦略的アプローチを取り上げて解説しているが、思い切った戦略で新市場を創造したり成長戦略を推進したりするには、踏み込んだ投資が必要となる。そこには大きなリスクもともなう。持続的成長の原資を捻出するためには、資本市場から資金を調達し、成長機会を見極めて有望な機会に投資し、投資からリターンをあげ、得られたリターンを次の投資に回すというサイクルが非常に重要になる。すなわち、うまく資金を調達することと、投資する領域を見極めてしっかりした投資をすること、この2つが車の両輪になっていなければならない。しかしながら、多くの日本企業がこの両面で課題を抱えている。

　こうした状況から脱皮し、成長の基盤をつくり上げるために必要となるのが、株主価値という視点で事業戦略、財務戦略、投資家戦略を連携させる経営の枠組みを確立すること、そして、そうした枠組みのもとで事業ポートフォリオを見直し、メリハリのある投資を規律をもって行なっていくことである。

　本章では、株主価値という視点で事業戦略、財務戦略、投資家戦略を連携させる「統合的価値創出戦略」の枠組みと、その枠組みのもとで、市場視点で事業ポートフォリオを再構築するアプローチについて解説する。

●―――多くの日本企業に見られる課題

　まず企業価値という視点で昨今の日本企業の状況を見ると、多くの企業に共通する課題が2つあげられる。

　そのひとつは、PBR（株価純資産倍率）が低い企業が多いことである。東証一部上場企業のうちPBR1倍割れの企業の割合は、2014年後半〜2015年は大体4〜5割、2016年2月上旬から4月にかけては5割超にのぼっている。「PBR1倍」はすなわち、1株当たり純資産と株価が同じであることを意味する。1倍割れとは、資本市場の評価が企業の理論上の解散価値よりも低いということだ。

課題の2つ目は、投資効率が低いことである。過去の投資やM&Aの未回収リスク、減損リスクも存在する。たとえば、ある産業財企業では利益をあげようとしてさまざまな事業に投資し、投資金額が年々積み上がっていった。ところが、何年かたって全社的に投資のパフォーマンスを評価してみると、投資回収の相当な遅れや回収率の低下があちこちの事業で起きており、投資リターンの低い事業がいくつも出てきた。中には無理な投資が行なわれている事業もあり、事業ポートフォリオという視点ではメリハリのない総花投資のような状況になってしまっていた。企業全体で見ると相当な資金を投入しているにもかかわらず、こうした個々の事業の積み重ねとして全社のROEは低下の一途をたどっていた。投資の規律がなく、このような状況に陥っている企業が実はかなりある。

投資の規律が働かない状態が続くと、レバレッジ（有利子負債比率）が悪化し、本当に必要な投資に対して、十分な成長投資資金を捻出できなくなる危険性がある。

さらに日本では、「株価はコントロールできない」「日本の資本市場では高いマルチプルは期待できない」と考えている経営幹部も少なくない。しかし、これは正しいとは言えない。確かに株価が形成されるメカニズムは複雑であり、完全にマネジメントすることはできないかもしれない。それでも、適切な手法を用いれば、株価形成の要因を解明し、そこで浮かび上がった課題に取り組むことによりマネジメントできる部分がかなりある。これを実現するための有力なアプローチが、事業戦略、財務戦略、投資家戦略を連携させる「統合的価値創出戦略」である。

●──統合的価値創出戦略で事業戦略、財務戦略、投資家戦略を連携させる

これまで長年にわたり、日本企業に限らず世界の多くの企業で、まず、成長ビジョンや事業ポートフォリオを含む事業戦略を立案し、それに財務戦略を対応させて、IR活動などを通じて投資家に売り込む、という順を追ったアプローチがとられてきた。しかし、もはやこうしたプロセスで考えていては、「資金調達→成長機会の見極め→投資→再投資」というサイクルを効果的に回していくのは難し

図表5-1　統合的価値創出戦略

これまで

事業戦略を立案し…
・成長ビジョン
・事業ポートフォリオ

財務戦略を対応させ…
・財務レバレッジ
・配当政策

投資家に売り込み
・ディスクロージャー
・IR

株主リターン

これから

事業戦略
・ポートフォリオマネジメント

株主リターン（TSR）

投資家戦略
・マルチプルマネジメント

財務戦略
・キャピタルマネジメント

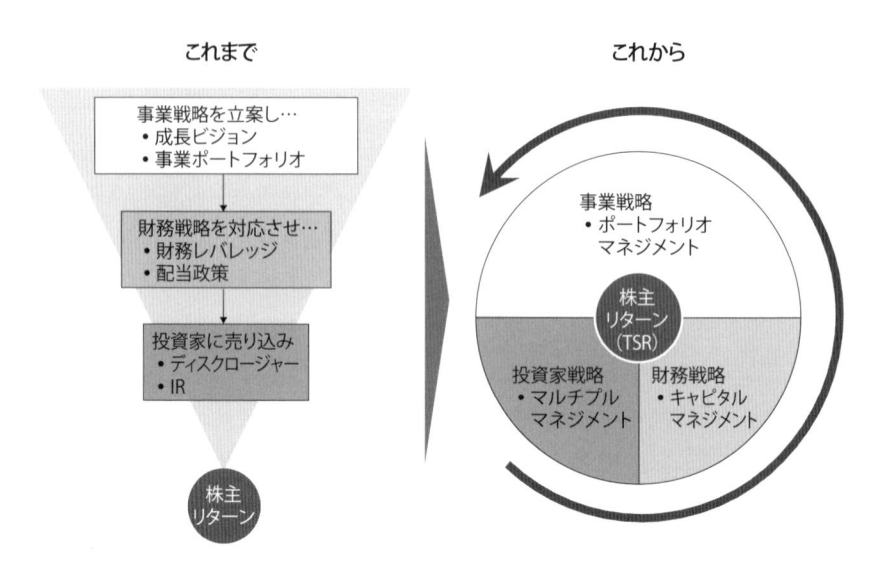

©2016 The Boston Consulting Group

くなっている。事業戦略、財務戦略、投資家戦略を連携させた三位一体の運営が求められているのである。BCGが毎年、世界のファンドマネジャーやアナリストを対象に行なっている投資家調査の2016年版でも、回答者の約6割が、企業の事業戦略、財務戦略、投資家戦略の連携には改善の余地があると答えている。資本市場・投資家から見ると何が求められているのか（投資家戦略）、それは財務にどういう意味があり（財務戦略）、事業ポートフォリオにどんな示唆があるのか（事業戦略）。こうした3つの側面を組み合わせて考えていくことが必要なのである。

　これを実現できる有力なアプローチが、BCGが編み出した「統合的価値創出戦略」である（図表5-1）。統合的価値創出戦略では、事業戦略、財務戦略、投資家戦略をつなぐモノサシとしてTSR（Total Shareholder Return、株主総利回り）を用いる。TSRについては次項で詳しく説明するが、一言で言うと、キャピタルゲインとインカムゲインの和で、株主にとっての最終利回りを示す。

　TSRを中心に考えていくことによって、事業戦略、財務戦略、投資家戦略を

連携させた舵取りができるようになる。たとえば、事業の業績も好調で、財務面でも配当政策などにしっかり目配りしているつもりなのに、市場からの評価であるマルチプルが競合企業に比べ劣っている場合。あるいは、事業の成長余力に陰りが見え、業績見通しが芳しくないと判断される場合。こういう場合に、財務戦略や投資家へのコミュニケーションでどのような工夫をすればよいのか、という解決策が考えられるようになる。投資家としっかりした対話ができれば、投資家との間に信認が育まれる。事業戦略、財務戦略、投資家戦略を連動させてきちんと考えている企業であることがわかれば、多少困難な局面でも株価が大崩れしなくなるし、本当のチャンスに勝負に出ようというときには市場が支持してくれるようになる。

統合的価値創出戦略のアプローチ

●―― TSRの枠組み

　事業戦略、財務戦略、投資家戦略をつなぐモノサシとして用いるTSR（Total Shareholder Return、株主総利回り）とは、キャピタルゲインとインカムゲインの和で、株主にとっての最終利回りを示す。企業間共通の価値創出の指標として世界的に使われている。

　BCGでは、TSRの構成要素を因数分解して、各要素のTSRへの貢献度を明らかにするモデルを開発し、多くの企業の価値創出構造の分析に活用している。この分析を使えば、因数分解された各要素と戦略変数とをひもづけて考えることができるため、事業戦略、財務戦略、投資家戦略を連携させるための大きな示唆が得られる。

　TSRの構成要素と戦略変数とのつながりを図示したのが図表5-2である。まず左側のTSRの構成要素について説明しよう。TSRは、前述のようにキャピタルゲインとインカムゲインの和である。

図表5-2　TSRの構成要素と戦略変数とのつながり

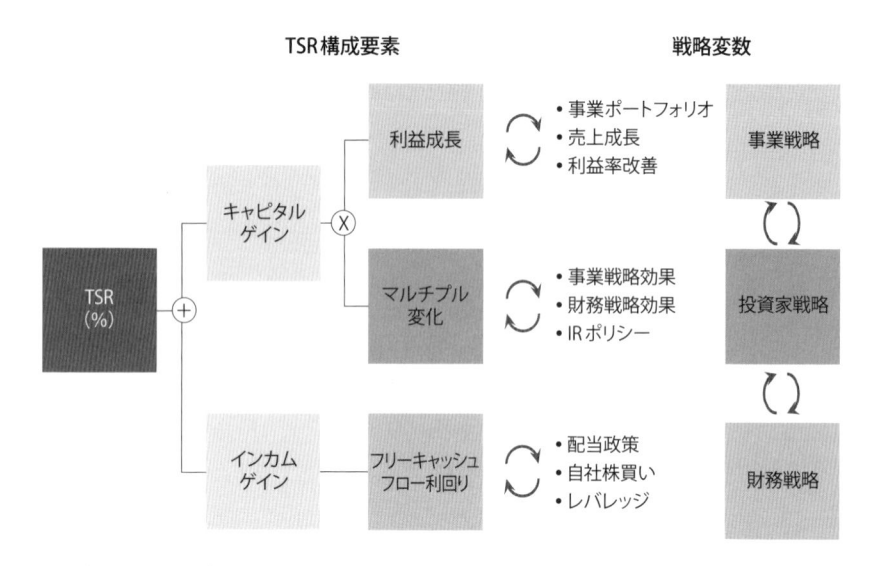

```
TSR構成要素                                          戦略変数

                    ┌─ 利益成長 ⇄ ・事業ポートフォリオ    事業戦略
                    │              ・売上成長           ⇅
         キャピタル   │              ・利益率改善
         ゲイン   ×  │
                    │              ・事業戦略効果
TSR(%) +            └─ マルチプル ⇄ ・財務戦略効果    投資家戦略
                       変化          ・IRポリシー         ⇅
         インカム ─ フリーキャッシュ ⇄ ・配当政策
         ゲイン     フロー利回り        ・自社株買い       財務戦略
                                       ・レバレッジ
```

©2016 The Boston Consulting Group

　キャピタルゲインを因数分解すると、利益成長の増分とマルチプルの変化分の掛け算となる。マルチプルは一般に、競合企業と比較して、その企業の潜在的成長力、リスク、利益の質、競争優位の持続可能性などの諸要因を、投資家がどのように評価しているかを反映する。マルチプルには「PER（株価収益率）」「EBITDA（利払い・税金・償却前利益）マルチプル」などがある。PERは、1株当たり利益（EPS）の何倍の株価がついているか、つまり利益に対する倍率である。EBITDAマルチプルは、キャッシュフローの総和の何倍のバリュエーションがついているかを示す。たとえば、EPSが10円で、PERが10倍だったら、10円×10倍で100円の株価がつく。1年間で、稼ぐ力を示すEPSが10円のまま変わらなくても、PERが10から11に変わると、株価は110円になり、10％上がる。BCGがクライアント企業に対して実施するプロジェクトでは、対象の企業や業種に応じて最適なマルチプルを採用する。

　インカムゲインは基本的には配当利回りである。ごく単純な例で見てみよう。100円で買った株が1年で110円になったとすると、1年後の利回りは10％とな

る。その間に5円の配当があったとすると、配当利回りは5％となる。この場合、TSRは、株価上昇分と配当利回りを合わせて15％となる。

次に、図表5-2の右側の戦略変数とTSRの各構成要素とのつながりを見ていこう。右上の事業戦略における、事業ポートフォリオをどう組み替えて、売上げをどう成長させ、利益をどう改善するか、という取り組みの成果として、TSR構成要素のひとつである利益成長が得られる。右下の財務戦略における、配当をどれだけ出すか、自社株買いをどれだけ行なうか、あるいは、財務レバレッジをどのように変えるか、資本調達をどうするか、といった施策の成果として、TSR構成要素の一番下にあるフリーキャッシュフロー利回りが出てくる。

利益成長、フリーキャッシュフロー利回りとは対照的にブラックボックスになりがちなのが、マルチプルである。事業戦略や財務戦略の効果、およびIRポリシーがいったいどのようにマルチプルに跳ね返ってくるのかは外からは見えない。たとえば、利益が2倍になったらマルチプルはどうなるか、配当性向を20％から30％に上げたら、マルチプルはどうなるのか。

「市場はわからない」とあきらめてしまいがちだが、実は、科学のメスを入れるとマルチプル変化のメカニズムがわかってくる。独自のモデルを使ってこのメカニズムを見える化し、戦略的打ち手につなげる点がBCGの統合的価値創出戦略の大きな特徴のひとつである。これについては後で詳しく説明する。

さて、企業の財務管理や事業評価には多くの指標が使われている。また、オペレーションの現場では、その特性に応じてさまざまな種類のKPI（重要業績評価指標）が設定されている。このような指標群とTSRはどのような関係にあるのだろうか、という疑問を抱かれる方もいるのではないだろうか。

図表5-3をご覧いただきたい。TSRとさまざまな指標群との位置づけをわかりやすく整理したものである。誰が主な責任を負うかという観点で、上からトップマネジメントが責任を負う指標であるTSRを頂点に、事業責任者が責任を負う指標、ラインマネジャーが責任を負う指標、という順に並べてある。企業として目指すべきTSR水準を実現するためには、TSRを軸として事業ポートフォリオをマネジメントし、さらに、事業ごとのレベルで、全社のモノサシに整合した形でパフォーマンスをコントロールしていく必要がある。TSR目標を各事業の日常の業務運営にまで落とし込むことが求められるのである。

図表5-3　経営管理指標の位置づけ

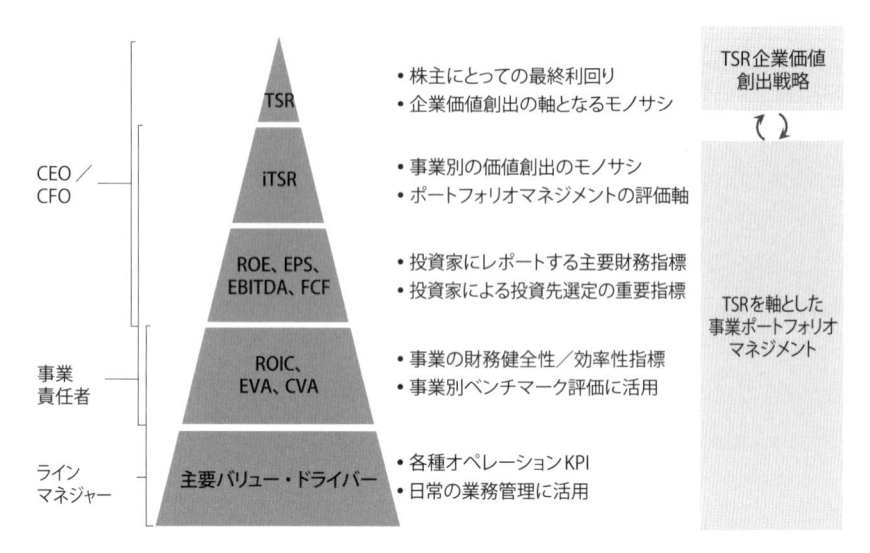

```
                        ┌─ TSR ─┐
                        │       │  ・株主にとっての最終利回り
                        │       │  ・企業価値創出の軸となるモノサシ        TSR企業価値
         CEO／          │ iTSR  │                                          創出戦略
         CFO            │       │  ・事業別の価値創出のモノサシ
                        │       │  ・ポートフォリオマネジメントの評価軸
                        │ ROE、EPS、│
                        │ EBITDA、FCF │ ・投資家にレポートする主要財務指標
                        │           │ ・投資家による投資先選定の重要指標   TSRを軸とした
                        │  ROIC、    │                                      事業ポートフォリオ
         事業           │  EVA、CVA  │ ・事業の財務健全性／効率性指標       マネジメント
         責任者         │           │ ・事業別ベンチマーク評価に活用
         ライン         │ 主要バリュー・ドライバー │ ・各種オペレーションKPI
         マネジャー     │                        │ ・日常の業務管理に活用
```

©2016 The Boston Consulting Group

　この図表でTSRのすぐ下にあるiTSRはInternal TSRの略で、TSRに整合した形で各事業を評価していくための内部指標としてBCGが開発したものである（詳細はコラム「事業価値創出を測る指標　iTSR」をご覧いただきたい）。iTSRは、後述するように、事業別の価値創出のモノサシとして、また、ポートフォリオマネジメントの評価軸として用いられる。

　その下の2つのくくり、資産効率やキャッシュフローの指標である「ROE、EPS、EBITDA、FCF」、資産効率の指標である「ROIC、EVA、CVA」はおなじみの指標群だが、統合的価値創出という視点で整理すると、このような位置づけになる。

　一番下のKPIは、それぞれの部署のオペレーションで日常の業務管理に用いられる重要業績評価指標である。KPIは、後述のポートフォリオ評価により定義される各事業のミッションや、業界の特性などに応じて、事業価値向上のカギとなる指標を選んで設定する。

　この図表の右側に示したように、企業価値を向上させるには、TSRを軸とし

て、「企業価値を創出する戦略」と、「事業ポートフォリオと各事業の価値をマネジメントする戦略」の双方をセットで進める必要がある。

　以下の節では、TSRを軸とした「企業価値創出戦略」のアプローチの全体像について解説していきたい。
　統合的価値創出戦略の立案は、概ね、次の3つのステップで進めるが、順番にそれぞれのステップについて説明していく。

①企業価値創出の構造を理解する
②投資家ニーズとのギャップを理解する
③企業価値創出戦略を立案する

　なお、ここでは、ごく標準的なアプローチについて説明するが、実際のプロジェクトでは、個々のクライアント企業の状況に応じてカスタマイズしたアプローチをとることを付記しておく。

◉──企業価値創出の構造を理解する

　企業価値創出戦略の立案は、自社のTSRの現状とその要因を正確に理解するところから始める必要がある。まず、自社のTSRがベンチマーク対象企業群（市場全体、あるいは、同業界内企業群など）の中でどんなポジションにあるかを分析する。図表5-4の上の図に示すように、自社の現在のTSRのポジションを把握する。
　次に、自社の属する業界において企業価値がどのようなメカニズムで形成されているかを理解する必要がある。そのためにBCGのプロジェクトで行なう代表的な分析が2つある。ひとつは、TSRの構成要素を因数分解し、競合企業との格差を把握する「TSRディコンポジション分析」である。もうひとつは、マルチプルの決定要因を分解し、見える化する「スマートマルチプル分析」である。
　図表5-4の下の図は、TSRディコンポジション分析の例である。TSR構成要素である、利益成長、マルチプル変化、フリーキャッシュフロー利回りは、さら

図表5-4　企業価値創出の構造を理解する

TSRベンチマーク分析

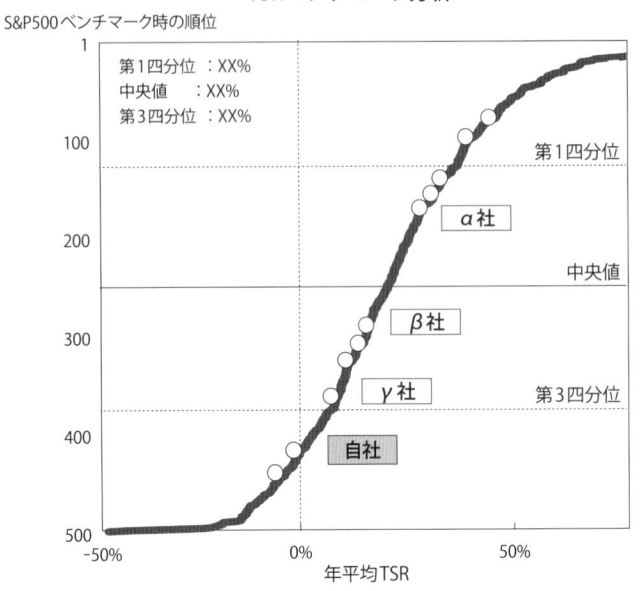

S&P500ベンチマーク時の順位

第1四分位：XX%
中央値　：XX%
第3四分位：XX%

（α社、β社、γ社、自社のプロット）

第1四分位
中央値
第3四分位

年平均TSR

TSRディコンポジション分析

				自社	競合3社平均	競合平均との差異
TSR(%)	キャピタルゲイン	利益成長	売上成長率	XX	XX	XX
			EBITDAマージン改善率	XX	XX	XX
		マルチプル変化	EBITDAマルチプル上昇率	XX	XX	XX
	インカムゲイン	フリーキャッシュフロー利回り	配当利回り	XX	XX	XX
			発行済株式数変化率	XX	XX	XX
			レバレッジ増加率	XX	XX	XX
			TSR	XX	XX	XX

出所：BCGプロジェクト
©2016 The Boston Consulting Group

にその右に示した、売上成長率、EBITDAマージン改善率、EBITDAマルチプル上昇率、配当利回り……などの要因に分解される。要因ごとに主な競合企業（図表のα社・β社・γ社）の平均と自社の差異を出す。これにより、どこにどの程度、自社にとっての改善余地があるかが明らかになる。

　もうひとつの分析、マルチプルの決定要因の分解の例を示したのが図表5-5である。これは、重回帰分析を用いたBCG独自モデルによるもので、「スマートマルチプル分析」と呼んでいる。マルチプルの決定要因は、他のTSR構成要素とは異なり、ブラックボックスになりがちである。しかし、このBCGモデルを使えば、どんなドライバーがどの程度、貢献しているかを解明できる。

　これらのドライバーには、コントロールできる可能性が高いものと低いものがあるが、コントロールできるものについて、ここから具体的な打ち手を考えることができる。BCGのクライアント向けプロジェクトでは、企業価値分析の専門家集団であるBCGバリュー・サイエンス・センターと、BCGのプロジェクトメンバーが密に協働して、この分析を行なう。

　この図はアパレル業界のグローバル大手企業群の例だが、スマートマルチプル分析により、マルチプルの決定要因が下側の図のような構造になっていることがわかった。上側の図は、横軸にBCGモデルによる推計マルチプルを、縦軸に実際のマルチプルをとり、対象企業の7年間のマルチプルをプロットしたものである（ひとつの点が、ある企業のある年のマルチプルを示す）。ご覧いただいてわかるように両者の間には高い相関が見られ（相関係数：0.88）、これはマルチプルの違いの88％がこのモデルで説明できることを示している。BCGモデルを使えば、あらゆる業界について同様の分析ができ、マルチプルの構成要因を見える化できる。

　これらの分析を活用して企業全体の価値創出構造を理解したら、次に個々の事業レベルに落として考えていく。そのためには、各事業も全社のモノサシに整合した形で評価していく必要がある。特に重要なのが、利益だけでなく、キャッシュフローを見ていくことである。事業の評価は、主に利益額や利益成長を見て行なわれることが多いが、事業別利益だけでなく、事業別フリーキャッシュフローの視点も加味する必要がある。こういうところまで踏み込んで、はじめて事業レベルでの投資判断の規律維持に効果を出すことができる。

図表5-5　マルチプルの決定要因を因数分解し、見える化する
　　　　　──スマートマルチプル分析：アパレル業界の例

マルチプルの重回帰分析

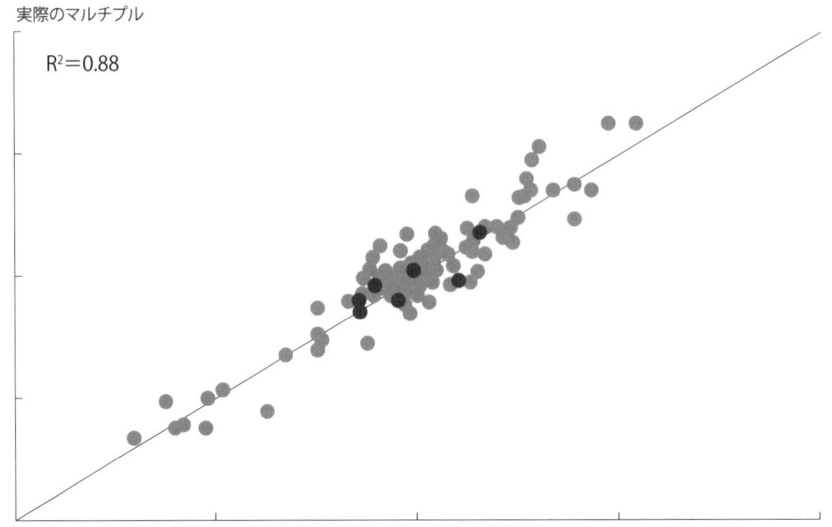

実際のマルチプル

$R^2=0.88$

推計マルチプル

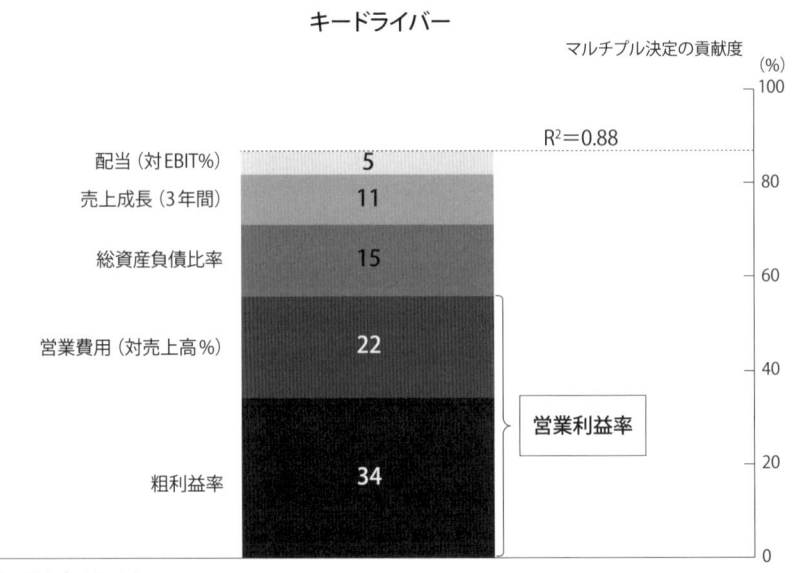

キードライバー

マルチプル決定の貢献度（%）

キードライバー	貢献度
配当（対EBIT%）	5
売上成長（3年間）	11
総資産負債比率	15
営業費用（対売上高%）	22
粗利益率	34

営業費用（対売上高%）と粗利益率 → 営業利益率

$R^2=0.88$

出所：BCGプロジェクト
©2016 The Boston Consulting Group

ここでiTSRを用いた分析・検証が大きな役割を果たす。各事業のiTSRを因数分解することにより、事業ごとに価値創出の源泉を解明し、事業価値の増加が中心となるのか、キャッシュフローで貢献するのかを見極めることが可能になる。さらに、投資家がTSRに基づいて投資先企業を選定するのと同様に、iTSRに基づいて社内の投資原資をどの事業にどれくらい配分するのかを検討することができる。

　TSR、iTSRを用いた企業・事業価値創出構造の解明は、具体的な戦略的打ち手につながるという意味で、非常に有益な分析であり、企業価値に関わる多くのクライアント企業のプロジェクトで活用されている。

●——投資家ニーズとのギャップを理解する

　このようにして企業価値創出の構造を理解する一方、自社の株式を保有する投資家について理解することも重要である。投資家のニーズ（優先事項、リスクに対する考え方、成長に対する期待など）は投資スタイルにより異なるため、自社の株主はどんな投資スタイルの投資家により構成され、投資スタイル別にどんなニーズをもっているか、を理解することが肝要である。

　そのためには、まず、投資スタイル別の株式保有比率を時系列で追ってみる（図表5-6）。投資スタイルには、割安株の上昇を見込む「バリュー投資」や、今後の成長期待により投資判断する「グロース投資」などがある。投資スタイル別の構成推移から、どんな投資スタイルの投資家が優勢か、増加基調にあるか、を把握する。

　そして、投資家の生の声を聞くために投資家にインタビューを行なう。アナリストには、証券会社に属するセルサイドのアナリストと、運用会社に属するバイサイドのアナリストがいる。セルサイドのアナリストのレポートは手に入りやすいのに対し、バイサイド・アナリストの分析が経営層の目に触れることはほとんどない。当然のことながら、バイサイドのほうが企業経営に対して厳しい見方をしており、バイサイドのアナリストやファンドマネジャーと対話をすることが非常に重要である。インタビューの対象は、バイサイドのファンドマネジャーやアナリストを中心に選ぶが、セルサイドのトップ・アナリストもカバーする。また、

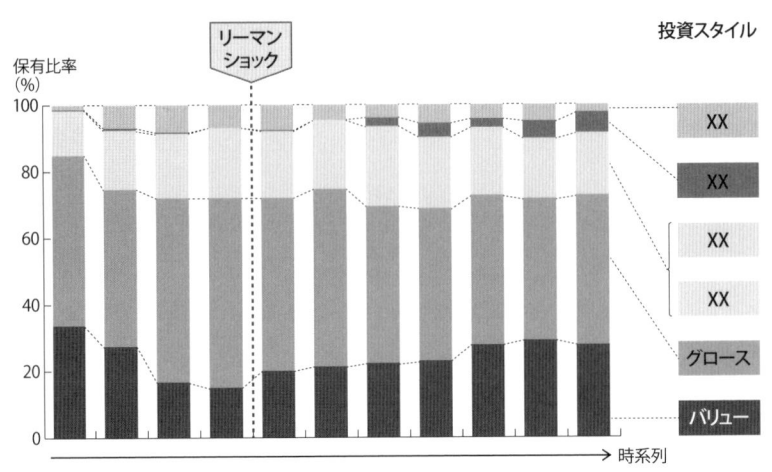

図表5-6　投資家ニーズとのギャップを理解する
　　　　――投資スタイル別保有比率推移（四半期ごと）

出所：BCGプロジェクト
©2016 The Boston Consulting Group

　既存株主ではないが、将来、株主になってもらいたい投資家にも話を聞いておくとよい。インタビュー結果をもとに、投資スタイル別にニーズと自社の戦略への意見・見方を整理し、自社の現状とのギャップを確認する（図表5-7）。

　経営層が、優勢な投資家層と誠実な対話をすることが非常に重要である。IR活動やアナリスト訪問でカバーされる範囲にとどまらず、時間をかけて、投資家の姿勢とニーズ、優先事項を聞くことが望まれる。

　ただし、経営層が投資家と対話をするに当たり肝に銘じるべきことがある。市場・投資家の声に真摯に耳を傾けることはきわめて重要だが、それは、迎合するとか鵜呑みにするという意味ではない。あくまで経営者の意思が前提としてあり、経営の意思と市場の声にギャップがある場合は、どうすべきなのかを考えなければいけない。明らかに経営が間違っている場合は修正しなければならない。一方、経営の目指す方向と投資家のタイプやニーズにギャップがある場合は、自社の方向性を支持してくれる投資家セグメントを増やしていくような施策を講じる必要がある。これは時間がかかるが、詳しくは投資家戦略の項で説明する。

図表5-7　投資スタイル別に、投資家ニーズを整理し、ギャップを確認する
　　　　──投資家ニーズの濃淡比較

投資家タイプ		株式所有割合	具体的な投資家名	企業価値向上のポイント				
				株主還元	レバレッジ	不採算事業売却	成長性	XXX
国内機関投資家		XX	・XXXXXXXXXX	✓		✓	✓	✓
海外機関投資家	グロース	XX	・XXXXXXXXXX	✓		✓	✓✓	
	バリュー	XX	・XXXXXXXXXX	✓✓	✓	✓		
	XX	XX	・XXXXXXXXXX	✓	✓	✓		

出所：BCGプロジェクト
©2016 The Boston Consulting Group

●──企業価値創出戦略を立案する

①TSR向上戦略

　これまで分析してきた、自社の企業価値創出の構造と、主要投資家層のニーズ・優先事項を踏まえて、企業価値創出戦略を立案していく。

　まず、前述の競合ベンチマークなどをもとに、求められるTSR水準を見極め、TSR目標を設定する。目標の指標として、株価ではなくTSRを用いると、株価の上昇のみならず、配当の価値も含まれるため、より包括的に見ることができる。一方、「TSR　XX％」という形の目標設定は全社に浸透させ使いこなすにはわかりにくい面もあるため、よりわかりやすい「株価　XXXX円」という金額ベースで目標を設定する場合もある。

　次に、図表5-8に示すように、TSRの各構成要素別にTSR向上策を整理したうえで、図表5-9のように目標TSR（あるいは株価）に到達する戦略シナリオを

図表5-8　TSR目標を設定し、TSR向上策を要因別に整理する

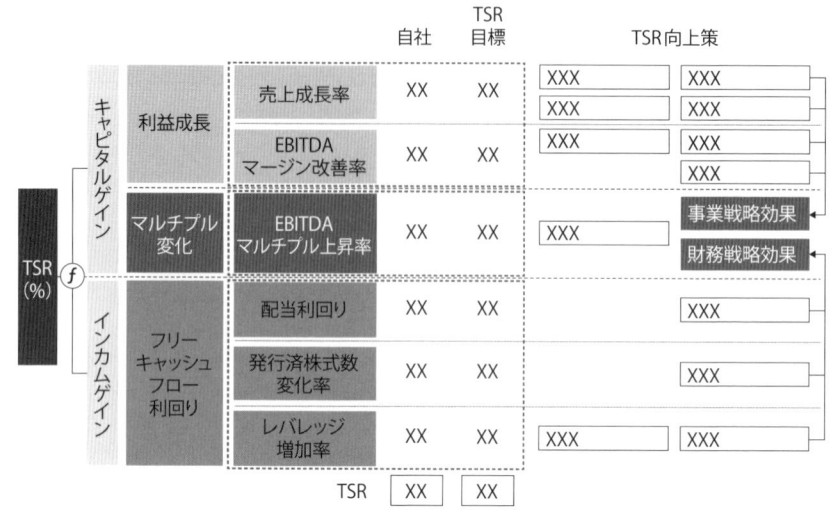

			自社	TSR目標	TSR向上策	
キャピタルゲイン	利益成長	売上成長率	XX	XX	XXX / XXX	XXX / XXX
		EBITDAマージン改善率	XX	XX	XXX / XXX	XXX / XXX
	マルチプル変化	EBITDAマルチプル上昇率	XX	XX	XXX	事業戦略効果 / 財務戦略効果
インカムゲイン	フリーキャッシュフロー利回り	配当利回り	XX	XX		XXX
		発行済株式数変化率	XX	XX		XXX
		レバレッジ増加率	XX	XX	XXX	XXX
		TSR	XX	XX		

TSR(%) f

出所：BCGプロジェクト
©2016 The Boston Consulting Group

図表5-9　目標株価へ到達する戦略シナリオ・オプションを比較検討

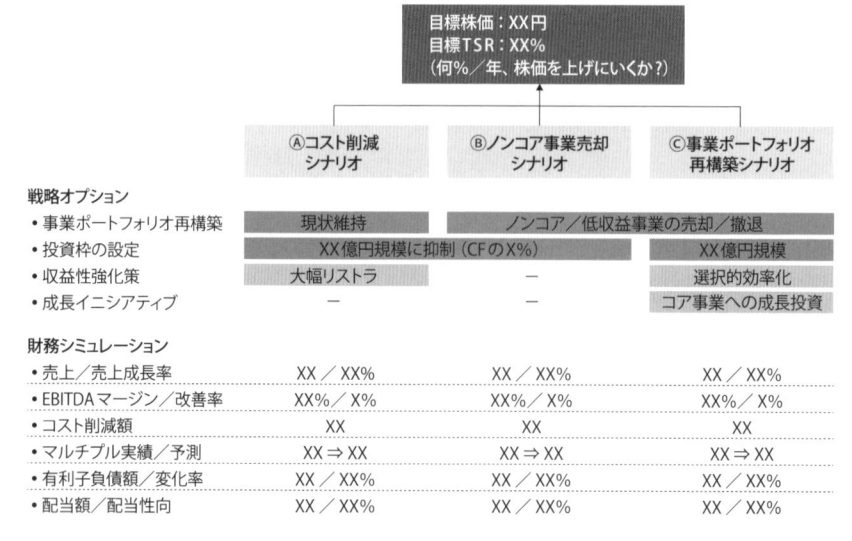

目標株価：XX円
目標TSR：XX%
（何%／年、株価を上げにいくか？）

	Ⓐコスト削減シナリオ	Ⓑノンコア事業売却シナリオ	Ⓒ事業ポートフォリオ再構築シナリオ
戦略オプション			
・事業ポートフォリオ再構築	現状維持	ノンコア／低収益事業の売却／撤退	
・投資枠の設定	XX億円規模に抑制（CFのX%）		XX億円規模
・収益性強化策	大幅リストラ	−	選択的効率化
・成長イニシアティブ	−	−	コア事業への成長投資
財務シミュレーション			
・売上／売上成長率	XX／XX%	XX／XX%	XX／XX%
・EBITDAマージン／改善率	XX%／X%	XX%／X%	XX%／X%
・コスト削減額	XX	XX	XX
・マルチプル実績／予測	XX ⇒ XX	XX ⇒ XX	XX ⇒ XX
・有利子負債額／変化率	XX／XX%	XX／XX%	XX／XX%
・配当額／配当性向	XX／XX%	XX／XX%	XX／XX%

出所：BCGプロジェクト
©2016 The Boston Consulting Group

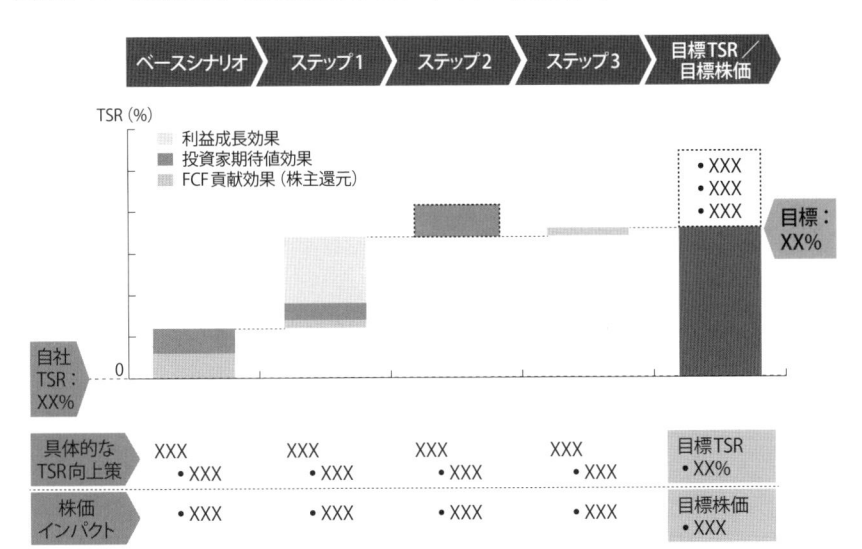

図表5-10　目標TSR／目標株価までのロードマップを作成する

何通りか比較検討する。図表5-9に示した例では、「コスト削減」「ノンコア事業の売却」「事業ポートフォリオ再構築」という3つのシナリオを検討している。それぞれのシナリオで、いったいどの程度やらなければならないことがあり、どの程度インパクトが出るか、シミュレーションを行なう。これにより事業ポートフォリオの方向性への示唆が得られる。

どんなシナリオで目標TSR（株価）に到達するかを見極めたら、次に目標TSRまでのロードマップを作成する（図表5-10）。具体的なTSR向上策と、それによるインパクトを、ベースシナリオに加え、主なステップごとに整理・確認して、目標TSR達成までの道筋を描く。

②ポートフォリオ再構築とiTSR向上戦略

全社の企業価値向上への道筋が描けたら、それを実現するために、各事業のレベルで、ポートフォリオを再構築し、事業価値を向上させる戦略を策定する。

事業ポートフォリオをマネジメントするには、その前提となる、それぞれの事

図表5-11　事業評価の3つの視点

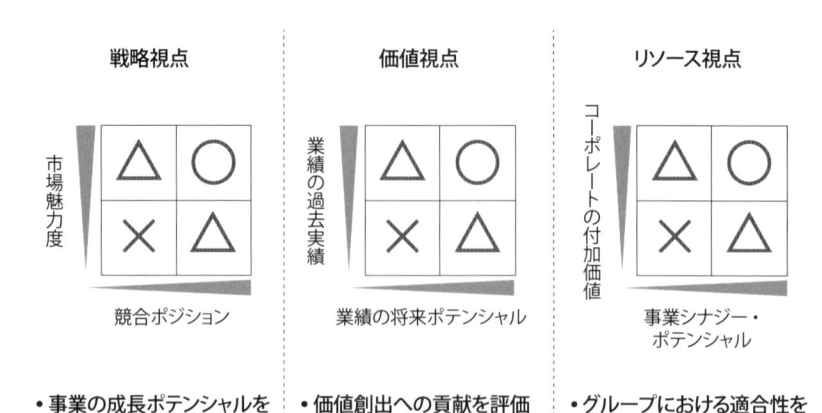

戦略視点
- 市場魅力度 / 競合ポジション
- 事業の成長ポテンシャルを評価

価値視点
- 業績の過去実績 / 業績の将来ポテンシャル
- 価値創出への貢献を評価

リソース視点
- コーポレートの付加価値 / 事業シナジー・ポテンシャル
- グループにおける適合性を評価

出所：BCGデータベース
©2016 The Boston Consulting Group

業のミッションを定義することが必須である。では、ポートフォリオにおける各事業のミッションは、どのような軸で評価すればよいのだろうか。事業環境や企業の状況により、それぞれの企業に合った評価軸を選択すればよく、さまざまなアプローチがありうる。古典的な例としては、BCGが1960年代に開発したプロダクト・ポートフォリオ・マトリクス（PPM）がある。「キャッシュフロー需要」（市場成長率など）と「キャッシュフロー創出力」（相対的マーケットシェアなど）というシンプルな2軸の枠組みで、わかりやすいというメリットがあるため、現在でも、事業の数が少ない企業など、これが適合する企業ではよく使われている。一方、この2軸だけでは不十分と考える企業、経営幹部も増えており、BCGでも時代環境に応じて枠組みを進化させてきた。実際のクライアント向けプロジェクトでは、その企業に応じてカスタマイズした枠組み、評価軸を使うが、ここでは、最近のBCGプロジェクトで多く使われている標準的な枠組みを紹介する。

この新たな枠組みでは、図表5-11に示すように、「戦略視点」「価値視点」「リソース視点」の3つで評価する。

図の左側の戦略視点は、事業の成長ポテンシャルを評価する。評価軸はPPM

図表5-12 戦略視点、価値視点、リソース視点から、BUのミッションを設定する
　　　　――ビジネスユニット（BU）別ミッション評価

ポートフォリオミッション	ビジネスユニット	戦略視点の評価	価値視点の評価	リソース視点の評価
成長エンジン	BU 1	○	○	○
	BU 2	○	△	×
	BU 3	○	○	△
	BU 4	○	△	○
	BU 5	△	○	○
バランス運営	BU 6	○	○	△
	BU 7	△	○	○
	BU 8	○	○	△
	BU 9	△	○	×
	BU 10	△	△	○
キャッシュフロー貢献	BU 11	△	×	○
	BU 12	△	×	△
	BU 13	○	○	○
	BU 14	△	△	○
	BU 15	△	△	×
再建／売却	BU 16	△	×	×
	BU 17	×	×	×
	BU 18	×	×	△
	BU 19	×	×	×
	BU 20	×	×	×

出所：BCGプロジェクト
©2016 The Boston Consulting Group

とほぼ同様で、「市場魅力度」（市場規模、市場成長率、業界の利益率など）と、「競合ポジション」（相対的市場シェア、相対的利益率など）の2軸を用いる。

　真ん中の価値視点は、価値創出への貢献を評価する。評価軸としては、「過去実績」（事業利益率、iTSR実績など）と「将来ポテンシャル」（将来計画、予想iTSRなど）を用いる。

　右側のリソース視点は、グループにおける適合性を評価する。「コーポレートの付加価値」と、「事業シナジー・ポテンシャル」の2つを評価軸とする。縦軸のコーポレートの付加価値は、本社機能が付加価値を提供できる事業なのか、という評価である。横軸の事業シナジー・ポテンシャルは、そもそもその企業の他の事業とのシナジーのポテンシャルがあるか、ということだ。

　この3つの視点でのビジネスユニット（BU）別ミッションの評価結果をもとに、各BUのポートフォリオミッションを、たとえば「成長エンジン」「バランス運営」「キャッシュフロー貢献」「再建／売却」というように、4つのグループに分類する。

図表5-13　ミッションに基づき、iTSR目標と事業運営のガイドラインを設定する

ポートフォリオミッション	ビジネスユニット	iTSR目標	事業成長目標（例）	フリーキャッシュフロー運営ガイドライン（例）	戦略投資方針（例）
成長エンジン	・BU 1 ・BU 2 ・BU 3 ・BU 4 ・BU 5	・XX	・市場成長率の2倍	・フリーキャッシュフロー利回り0％未満も許容	・成長領域での大型投資／M&A ・CFマイナスでもリターンが見込めれば投資可
バランス運営	・BU 6 ・BU 7 ・BU 8 ・BU 9 ・BU 10	・XX	・市場成長率の1〜2倍	・フリーキャッシュフロー利回り4〜6％	・選択的な成長投資 ・収益性、投資回収を厳格管理
キャッシュフロー貢献	・BU 11 ・BU 12 ・BU 13 ・BU 14 ・BU 15	・XX	・市場成長率以下でも許容	・フリーキャッシュフロー利回り6％以上	・収益性改善の徹底 ・投資抑制
再建／売却	・BU 16 ・BU 17 ・BU 18 ・BU 19 ・BU 20	・XX	・収益性改善を優先	・徹底的なキャッシュマネジメント実施	・ハードルレート以上の収益性改善 ・売却または撤退

出所：BCGプロジェクト
©2016 The Boston Consulting Group

　これを一覧できるようにまとめたのが図表5-12である。○は「両軸とも高く評価できる領域」、△は「片方の軸での評価は高いが、もう片方の軸の評価が低い領域」、×は「両軸とも評価が低い領域」を示している（実際には、信号と同様の緑・黄・赤色の円を用いるが、ここでは○・△・×で示している）。

　お気づきのように、このポートフォリオ評価の枠組みでは、定量的分析の数値だけで自動的にミッション定義が決まるわけではない。どの軸に力点を置くか、定性的な側面をどう考えるか、といった経営陣の議論と判断を経て最終的にミッションが定義される。経営を取り巻く複雑性が高まる中にあっても経営陣が効果的に意思決定を行なえるよう、さまざまな評価軸を統合して議論材料を提供するための枠組みなのである。

　経営陣による議論を経て、それぞれの事業についてポートフォリオミッションが定義されたら、それぞれのミッションに基づき、各事業のiTSR目標、事業成長目標、投資のガイドライン、フリーキャッシュフロー運営ガイドラインを設定する（図表5-13）。

図表5-14　iTSR貢献を要因別に明示することで、議論／検証すべきポイントを明確にする

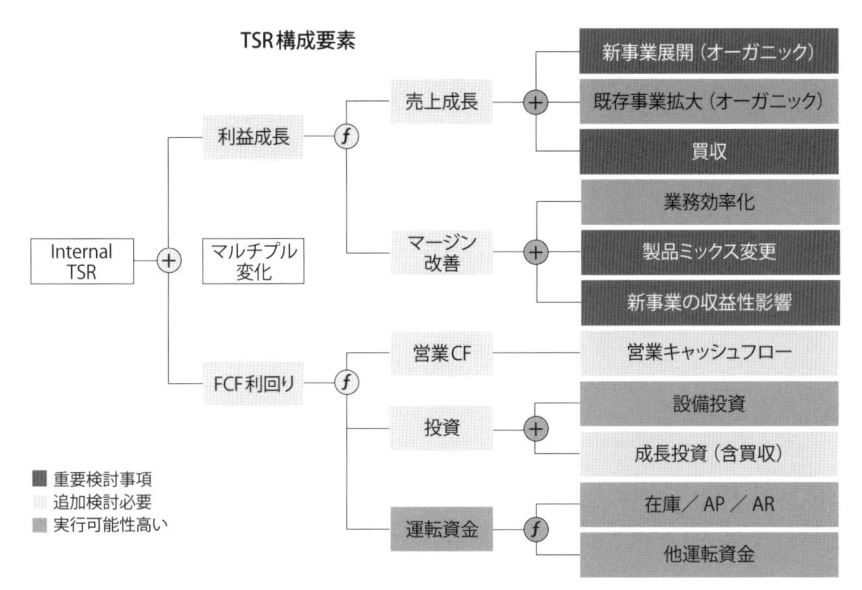

TSR構成要素

- Internal TSR ＝
  - 利益成長 f
    - 売上成長 ＋
      - 新事業展開（オーガニック）
      - 既存事業拡大（オーガニック）
      - 買収
    - マージン改善 ＋
      - 業務効率化
      - 製品ミックス変更
      - 新事業の収益性影響
  - マルチプル変化
  - FCF利回り f
    - 営業CF ― 営業キャッシュフロー
    - 投資 ＋
      - 設備投資
      - 成長投資（含買収）
    - 運転資金 f
      - 在庫／AP／AR
      - 他運転資金

■ 重要検討事項
□ 追加検討必要
▨ 実行可能性高い

出所：BCGプロジェクト
©2016 The Boston Consulting Group

　さらに、TSRディコンポジション分析と同様に、iTSRも貢献要因別に因数分解し、求められる打ち手を明確にしていく（図表5-14）。そして、図の右側に示された必要な打ち手のそれぞれについて、各事業部門でアクションプラン案を作成する。これをもとにさらに本社部門と議論して、実行可能性が高いもの、追加検討が必要なもの、重要検討事項に分けて、さらなる議論や検証が必要なポイントを明確にしていく。

Column

事業価値創出を測る指標　iTSR

　全社のモノサシであるTSRに整合した形で各事業を評価していくために、BCGでは「Internal TSR」、略して「iTSR」という指標を開発した。図表5-15はiTSRの概念を簡単に図示したものである。全社の企業価値創出を示す指

図表5-15　iTSR――事業別の価値創出を測る指標

全社TSR
- キャピタルゲイン（株価変化）
- ＋
- インカムゲイン（配当 等）
- → TSR

事業別Internal TSR（iTSR）
- 事業価値増加率（利益額増 × マルチプル変化）
- ＋
- 事業別フリーキャッシュフロー利回り
- → Internal TSR

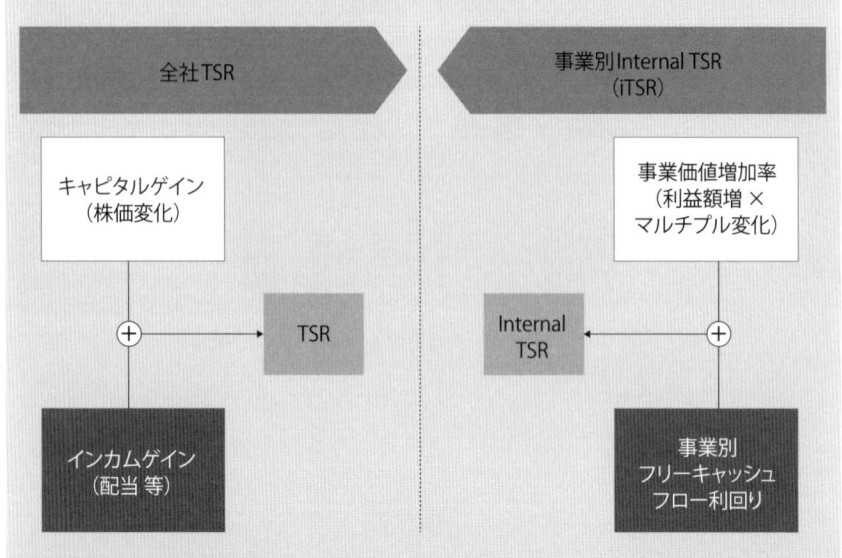

©2016 The Boston Consulting Group

標であるTSRは、キャピタルゲインとインカムゲインの和である。これに対応して、事業別の価値創出を示す指標がiTSRである。iTSRもTSRと同様に構成要素に分解することができる。構成要素別に見ることで、事業別の価値創出の源泉を検証し、それをもとに具体的な打ち手を考えていくことができる。

　TSRについておさらいすると、利益成長、マルチプル変化、フリーキャッシュフロー利回りの3つの要素に分解できた。この中で外からは見えないブラックボックスとなっているマルチプル変化は、株価をもとに、重回帰分析を使った「スマートマルチプル分析」で解析できた。

　これに対してiTSRは、「a. 事業の利益増分」「b. その事業の疑似的なマルチプル貢献」「c. 事業の生み出すフリーキャッシュフローの利回り」に因数分解できる。aとcは各社の社内データから算出可能だ。bの疑似的なマルチプル貢献は、TSRのマルチプル変化と同様、スマートマルチプル分析で算出できる。TSRのマルチプル変化の分析と異なるのは、株価をそのまま利用できないことだが、簡単に言うと、当該事業と同じ業種で株式公開している企業群の株式

データをベースにして算出する。TSR／iTSRの枠組みを積極的に活用しているある先進企業は、事業によりマルチプルが決まる要因が異なるため、事業のタイプに応じて数個のiTSRマルチプル・モデルを用意し、使い分けていると言う。

　では、iTSRは企業経営にとってどんな意味をもっているのだろうか。

　企業としての意思決定を事業レベルの意思決定につなげるためには、企業の評価に対応した事業評価のモノサシが必要である。企業レベルで見ると、事業成長、フリーキャッシュフロー利回り、株主還元を合わせて株主価値を創出する舵取りをしなければいけない。株式市場ではそれが評価される。たとえば、すべての事業がうまくいっているときは、内部留保を増やして投資に回してもよいが、事業がうまくいかなくなったら、株主還元を増やすなどして乗り越えなければならない。

　ところが、企業レベルと同様のモノサシが事業の評価軸にないと、どんなことが起こるか。事業側は、目に見える「売上増加」「利益増加」だけをひたすら追求してしまうだろう。事業の売上げ・利益の拡大を追って無理な投資までしてしまいがちである。キャッシュフローでの貢献を評価する軸がなければ、売上げ・利益を伸ばさない限り事業としての存在意義がないと感じられるのも無理はない。さまざまな事業がこういう考えで突き進むと、企業全体としての価値は毀損されてしまう。実際にこういう事態が起きている企業は少なくない。

　そこで、事業の評価に、利益成長以外の要因、すなわち、フリーキャッシュフロー利回り、疑似的マルチプル貢献という軸を組み込むことが必要となる。これを可能にするのがiTSRなのである。

　特に、事業側にキャッシュフローの視点をもたせることがきわめて重要である。全社への貢献という観点で考えると、事業側が「仮に利益が増えなくてもキャッシュを創出すればいい」ということを意識し、それを踏まえた事業の意思決定ができるようにすることが必要である。たとえば、企業として10％のTSRを稼ぎ出したい場合、「1％分は利益成長で、9％分は株主還元で」、あるいは、「5％分の利益成長、5％分の株主還元で」、といった選択肢の中からどの道筋を選ぶのか判断する。これと同様に事業としても、たとえば5％のiTSRを

要求される局面で、5％のうち、何％を利益成長で、何％をキャッシュフロー貢献で達成するのか、を判断することが求められる。

　事業の意思決定を企業の価値貢献に直接リンクさせると同時に、無駄な投資の意思決定を阻む。iTSRを評価軸とすることで、こうしたマネジメントの仕組みや投資の規律のベースを築くことができる。これこそがiTSRの果たす最も大きな役割なのである。

③投資家戦略／コミュニケーション

　BCGの「統合的価値創出戦略」のもうひとつの重要な要素が、「投資家戦略／コミュニケーション」である。BCGの投資家戦略の根底には、企業と株主と株主の関係は、消費財メーカーにとってのメーカーと商品と消費者の関係と同じであるという考え方がある。消費財メーカーであれば、ヒヤリングやさまざまな消費者調査などを通じて消費者のニーズを把握・分析し、消費者のセグメンテーションをして、ターゲットとするセグメントを特定し、そのセグメントのニーズに合った商品をどうつくっていくのか、を考えて商品開発をしていく。一方で、消費者のニーズを探るだけでなく、企業側としての思いも込めて、こういう商品・サービスが必要なはずだ、こういう商品・サービスがあれば消費者の生活が著しく向上するはずだ、といったことを考えながら開発、マーケティング、商品展開をしていく。

　これと同様のことを株式に対しても行なうのである。株式というのは、株式会社としての究極のひとつのプロダクトであり、それを買ってくれるお客様が投資家、そして、消費財メーカーのブランド・バリューに当たるものが、株式では株価である、というように考える。こうした考え方に立って、投資家のニーズを理解し、それをセグメント分けし、ターゲットとなるセグメントのニーズに合うようなエクィティ・ストーリーをつくるよう努力すること、それが投資家戦略の基本である。エクィティ・ストーリーには、事業・財務・投資家戦略に基づき、事業展開の方向感や成長シナリオ、業績へのインパクト、キャッシュフロー・内部留保・配当性向のバランスなどを盛り込む。

　では、どうしたら企業価値創出に効果的に働く投資家戦略をつくっていくことができるのだろうか。それには、大きく分けて3つのステップがある。

図表5-16　投資家戦略を具体的なコミュニケーションプランに落とし込む

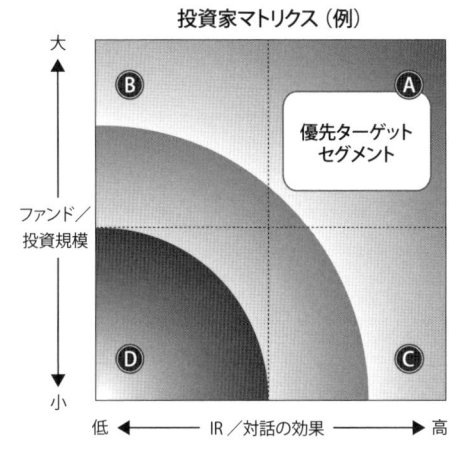

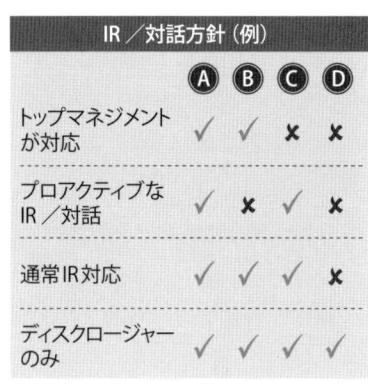

投資家マトリクス（例）

縦軸：ファンド／投資規模（小←→大）
横軸：IR／対話の効果（低←→高）

- B：左上
- A：右上（優先ターゲットセグメント）
- D：左下
- C：右下

IR／対話方針（例）

	A	B	C	D
トップマネジメントが対応	✓	✓	✗	✗
プロアクティブなIR／対話	✓	✗	✓	✗
通常IR対応	✓	✓	✓	✗
ディスクロージャーのみ	✓	✓	✓	✓

出所：BCGプロジェクト
©2016 The Boston Consulting Group

　最初のステップは、現在の投資家の構成とニーズを理解することである。前述のように現在の投資家の構成を把握し、優勢な投資家層のニーズを投資家セグメント別に理解する。

　次のステップでは、あるべき投資家基盤の仮説を構築する。まず自社の目指している方向と、セグメント別に見た投資家の求める方向に、どのような重なりがあり、どんなギャップがあるのかを理解する。そのうえで、自社の将来の戦略を支えてくれるパートナーとなりうる投資家はどのセグメントなのか、どういう投資家基盤をつくっていくのか、どのようにパートナー投資家を育んでいくのか、といった方針をつくる。

　第3のステップでは、これまでのステップでつくり上げた方針を実現するために何をやるべきなのかを検討し、アクション項目に落とし込んでいく。ここで重要なのは、パートナーになってもらいたい投資家に対するアプローチと、それ以外の株主へのアプローチの両方をしっかり考えることである。投資家基盤を再構築する場合も、時間のかかる取り組みとなるので、ターゲット投資家以外の投資家への情報提供やIRも怠ってはならない。それを怠ると、株価が崩れ、市場の

信認が薄れていく。

　アクション項目には、投資家タイプ別にどのようなIR活動を行なっていくか、新たなエクィティ・ストーリーを訴求するためにどのようなメッセージを打ち出していくか、IR部門の体制をどうするか、ウェブ・ディスクロージャーなどのインフラをどのように整備していくか、KPIをどのように設定するか、事業・財務との連携をどのように強化していくか、などが含まれる。

　図表5-16は、BCGがお手伝いした企業の投資家別IR／対話方針の大枠を示したものである。左側の図では、「投資・ファンドの規模」と「IR活動や対話によってファンになってもらえる可能性」の2軸からなるマトリクス上に主な投資家、潜在投資家をマッピングし、右側の図ではマトリクスの枠ごとに対応のしかたを定義した。誰がどういう頻度でどんな内容を提供していくのかは、投資家の特性に応じてメリハリをつける。たとえば、投資規模が大きく、かつ、IR／対話を積極的に行なうことで高い効果が見込めるAの投資家層は最優先ターゲットとし、トップマネジメントが積極的にIR／対話を行なう。

　一方、投資規模が小さいうえに、対話をしてもあまり意味がないと思われるDの投資家層に対しては、原則的にディスクロージャーだけ行なう。また、伝える内容も、パートナーになりうる投資家には、戦略や事業の内容、R&D方針などをしっかり伝える一方、財務的リターンだけを期待する投資家には業績数値だけを伝える、というように投資家のニーズに応じて使い分ける。

　投資家基盤を再構築して、あるべき投資家構成にシフトさせていくことは時間のかかる取り組み（少なくとも数年）であり、そう簡単なものではない。しかし、ここまで述べてきたような戦略的アプローチで着実に取り組んでいけば実現可能なことは、BCGの経験からも実証済みである。

　自社の戦略的方向性に沿った投資家基盤の構築を実現したE社の事例を紹介しよう（図表5-17）。E社はこの取り組みを始めた当時、再成長へと舵を切り始めたところで、中期的に成長戦略を推進していこうとしていた。株主構成を分析すると、バリュー投資家が8割以上を占めていた。一般にバリュー投資家は、成長シナリオを描いてもあまり評価してくれず、むしろ株主還元を求める傾向がある。E社の経営陣は、戦略に合致するよう、成長を評価・支持してくれる投資家の比率を増やしていきたいと考えた。そこで、そうした投資家をひきつけよう

図表5-17 説得力ある成長ストーリーにより成長志向の投資家をひきつけた例

GARPとグロースの比率が上昇

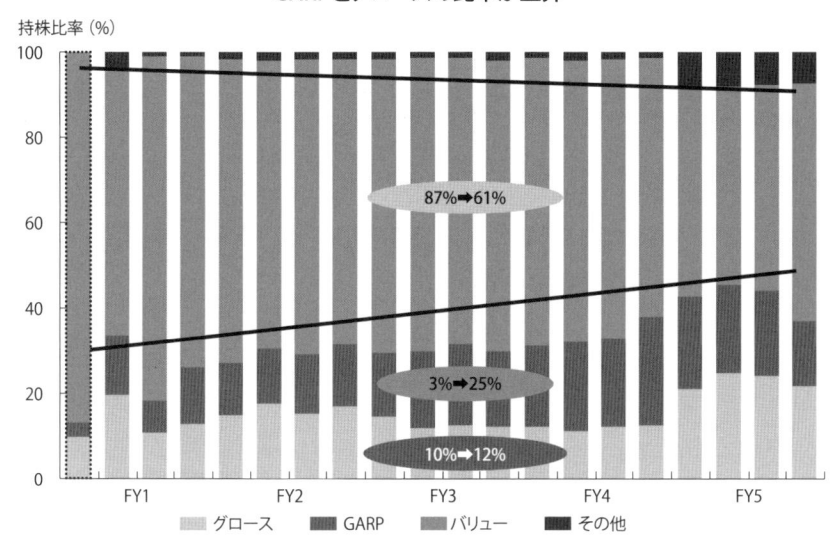

持株比率（%）

87% ➡ 61%

3% ➡ 25%

10% ➡ 12%

凡例：グロース／GARP／バリュー／その他

説得力ある成長ストーリー

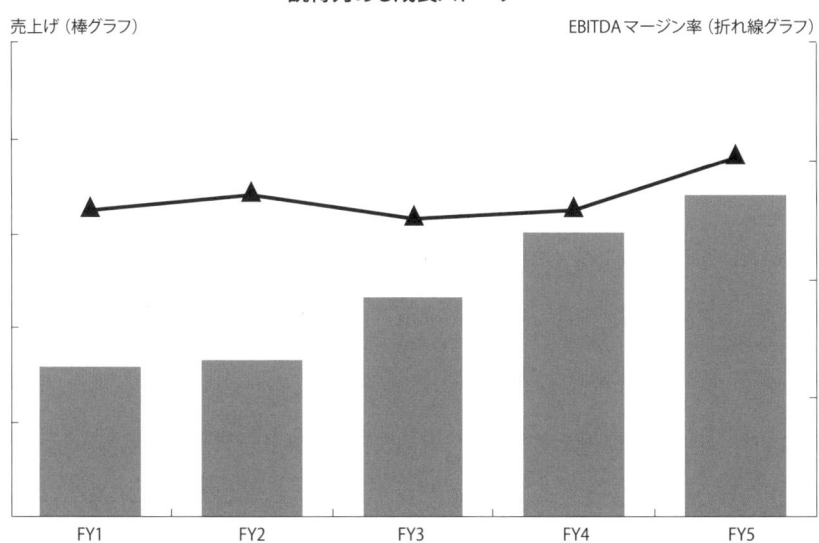

売上げ（棒グラフ）　　　　　　　　　EBITDAマージン率（折れ線グラフ）

出所：BCGプロジェクト
©2016 The Boston Consulting Group

と、ターゲット投資家の積極的な開拓、ターゲット投資家との対話、成長戦略にフォーカスしたIR情報の発信などの取り組みを進めていった。成長志向の投資家とのネットワークをつくり、彼らが評価してくれるエクィティ・ストーリーを磨き上げていった。

一方で、株価や市場の信認を健全に保つために、当時主流であったバリュー投資家層のニーズを満たす情報提供やIRも並行して堅実に行なった。

E社は事業においても成長戦略を着実に実行し、売上げ、利益ともに、成長シナリオに描かれた水準を実現していった（図表5-17の下図）。事業戦略、財務戦略（ここでは割愛するが）、投資家戦略がうまくかみ合い、4年後にはグロースとGARPを合わせた成長志向の投資家の割合が4割近くまで上昇した（GARPとは"Growth at Reasonable Price"の略で、収益成長力が高く、かつ、株価が割安な銘柄を好む投資スタイルを示す）。

ターゲット投資家とのネットワークを築き、彼らに強い説得力をもった明確なストーリーを訴求する一方、ターゲット以外の投資家にも堅実にディスクロージャー等のIR活動を持続して、時間をかけて両者をマネジメントしていくことで、自社の戦略に合致した投資家基盤を構築していくことができるのである。

④アクション・リストと担当の明確化

こうして企業全体の価値向上（TSR）戦略、事業ごとの価値向上（iTSR）戦略、投資家戦略における施策が策定できたら、もうひとつ非常に重要な作業がある。一連の施策を、本社の担当部門ごと、および、事業部門ごとに、とるべきアクションのリストに落とし込んでいくのである（図表5-18）。誰がどういう役割を担うかを明確にし、定期的に評価・見直ししていくことで、確実かつ徹底的な実行につなげることができる。

事業部側では、前述のiTSRの貢献要因別分解などをもとにした議論を通じて、KPIとアクションプラン、担当を明確にしていく。

本社側では、経営企画部、財務部、IR担当部門などが、事業戦略、財務戦略、投資家戦略に関わるさまざまな施策を同時並行で実行していくことが非常に重要になる。

事業戦略面の施策は経営企画部主導で実行していく。たとえば、利益成長と

図表5-18 コーポレート担当部門／事業部別にアクションリストに落とし込む

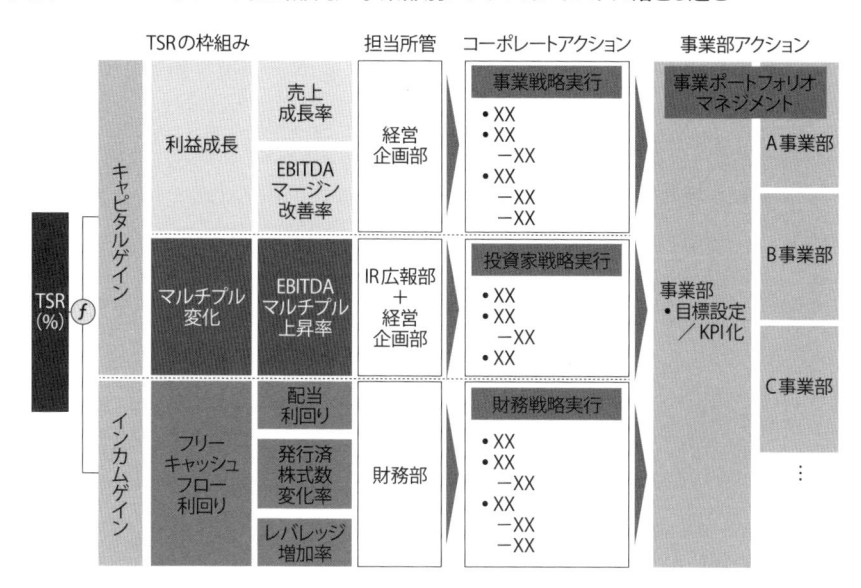

TSRの枠組み			担当所管	コーポレートアクション	事業部アクション
キャピタルゲイン	利益成長	売上成長率	経営企画部	事業戦略実行 ・XX ・XX 　-XX ・XX 　-XX 　-XX	事業ポートフォリオマネジメント
		EBITDAマージン改善率			A事業部
	マルチプル変化	EBITDAマルチプル上昇率	IR広報部＋経営企画部	投資家戦略実行 ・XX ・XX 　-XX ・XX	B事業部 事業部 ・目標設定／KPI化
インカムゲイン	フリーキャッシュフロー利回り	配当利回り	財務部	財務戦略実行 ・XX ・XX 　-XX ・XX 　-XX	C事業部 …
		発行済株式数変化率			
		レバレッジ増加率			

TSR(%) f

出所：BCGプロジェクト
©2016 The Boston Consulting Group

いう要素では、伸ばす事業は成長を加速させ、収益性・成長性が見込めない事業は撤退する、といったポートフォリオ再構築の施策を迅速かつ確実に実行していく必要がある。伸ばす事業では利益目標に到達するためにオペレーティングKPIをどこまでもっていくかについて、事業部と協議のうえ合意し、進捗を評価・見直ししていく必要がある。撤退する事業は、撤退のプロセスをマネジメントする必要がある。このようなガバナンスを効かせることで、事業部側の施策の確実な実行を促進する。

　財務戦略は、財務部中心に具体的な施策に落としていく。さらに、事業戦略の効果と財務戦略の効果を、投資家戦略にどうつなげるか、を検討してアクション項目をリストアップし、担当とKPIを明確に定めていく。これは、たいていの場合、IR部門中心に経営企画、財務とも協力して行なう。しかし現実には、企画部門と財務部門が相互の戦略を十分理解しておらず、施策の実行がかみ合っていない場合も多く見られる。また、IR部門がこうした戦略的に重要な役割を担

える体制になっていない企業も多い。

　日本企業の実情を見ると、企業価値を創出する戦略として最もやらなければいけないことは事業構造改革である場合が多い。企業価値創出戦略立案の中で、戦略シナリオの比較検討と、組織の枠組みへの落とし込みの2つのステップは、事業構造改革を実現するうえで特に重要である。戦略シナリオを比較検討することで、事業戦略、すなわち事業ポートフォリオ見直しの方向性が明白になり、断固としたメリハリある戦略立案につながる。また、戦略の枠組みを組織の枠組みにとことん落とし込むことで、はじめて徹底的な実行が担保される。

　ここまでTSRを軸とした、統合的企業価値創出戦略とポートフォリオ再構築のアプローチの全体像を説明してきた。次の節では、この手法を使って「市場視点による企業構造改革」をやり遂げた企業のストーリーを紹介したい。

事例：
市場視点による企業構造革新

　ここでは、成長が止まり、株価も低迷していた大手テクノロジー企業F社が、「市場視点による構造改革」を通じて再成長の基盤をつくり、2〜3年かけて企業価値を大きく高めて、成長軌道へと戻していった事例を紹介する。

●──「市場視点による企業構造革新」プロジェクトの始動

　F社はさまざまな事業に投資を続けているにもかかわらず狙ったリターンをあげられず、何期にもわたり売上げ・利益が停滞していた。株価も下落を続け、PBR（株価純資産倍率）は1倍を割るようになった。1倍割れとは、資本市場の評価が企業の理論上の解散価値よりも低いということだ。本章冒頭で触れたように、こうした状況はF社に限った話ではない。F社のような根本的構造改革が求められている企業が少なくないということだ。

　F社の経営陣はこうした状況を憂慮し、2年ほど前から、課題事業の縮小、成長分野のテコ入れ、全社的なコスト削減を図ろうといくつかの施策を打ってきた

が、インパクトは限定的だった。

　就任したばかりの社長は、今度こそ大胆な打ち手を徹底的に実行することにより早急に構造改革を実現する必要がある、という強い危機感を抱いていた。特に、再び成長軌道に乗せる基盤をつくるために、資本配分のしかたを根本的に見直し、事業計画と連動させる仕組みをつくらなければいけないと考えていた。CFOと議論を重ねたうえで、外部の力も借りて根本的な構造改革をやり遂げようとBCGに相談が寄せられた。市場の視点での客観的・科学的分析や、全社に及ぶ大規模な構造改革をタイムリーに進めるノウハウなど、今まで社内でやり切れなかった部分での支援を期待してのことだった。

　何度か話し合った結果、社長は「市場視点による企業構造革新」プロジェクトを始動することを決断し、BCGがお手伝いすることになった。F社では社長の直轄でプロジェクトチームが編成され、さまざまなチャネルを通じてプロジェクトの始動がコミュニケートされた。改革と言ってもまた掛け声倒れに終わるのではないかという不安や疑問が広がりつつあった社内に、社長の危機感と今度こそ貫徹するぞという強い意志が伝わっていった。

　プロジェクトを立ち上げるに当たり、社長、CFO、BCGで議論した結果、プロジェクト開始時に同業界の4分位中、最下位グループに位置していたTSRを、3年間で最上位グループにもっていくことを目標とすることにした。ただし、「TSR　XX%」というのは全社共通の目標としてはわかりにくいので、株価に置き換えて、「まず1年後に株価3000円」を目標として設定することとした。この目標は当時のF社の状態から見るとかなり高い水準だったが、BCGの経験から見ると決して実現不可能なものではなく、また、2〜3年で成長軌道に戻していくためにはぜひとも必要な水準であった。

　プロジェクトは、期間を2年とし、2つのフェーズに分けて設計された（図表5-19）。最初の12カ月のフェーズ1では、非中核事業からの撤退と各事業のミッションの見直しに焦点を絞り、それに続く12カ月のフェーズ2で成長エンジンを加速化する打ち手を実施する。フェーズ1〜2の2年間で構造改革を完遂したうえで、3年目以降（フェーズ3）は重点事業の拡大を推進するための施策を打つという構想を描いた。また、全フェーズにわたり、それぞれの段階の打ち手に応じた組織改編も検討していくこととした。

図表5-19　F社「市場視点による企業構造革新」プロジェクトの全体像

最初の100日	フェーズ1	フェーズ2	フェーズ3
3カ月	4カ月〜12カ月	12カ月〜24カ月	3年目以降
コミットメントを対外発表 • CF拡大 • 負債、設備投資の削減 • 非中核事業の撤退・売却 **ガバナンス改革1：本社再構築** • 5,000人の本社機能を解体、約100人の戦略本部を設置 • 社長が戦略本部長に • ヒト・モノ・カネに関わる意思決定を数人の役員に集約	**コミットメントの迅速な実行** • 社長直轄プロジェクトでフリーCFを数千億円に増大 • 非中核事業を本社主導で撤退・売却 **存続事業のミッションの見直し** • 新たなミッション定義に応じBUのくくり方を見直し • 各BUの目標・投資配分、モニタリング方針の設定 **ガバナンス改革2：ビジネスユニット（BU）再構築** • BUを集約し、管理体制をリーン化 • BU長が社長に直接相談できる体制に	**成長エンジンの加速化** • コモディティ市場から高付加価値の部品やソリューション事業へシフト • 新興国市場でフォーカスする地域を明確化	**重点事業の拡大** **成長促進のための大胆な組織改編** • 例：戦略的成長分野の分社化

出所：BCGプロジェクト
©2016 The Boston Consulting Group

　プロジェクト設計に当たっては、BCGのトランスフォーメーション（大規模な構造改革）の枠組みを応用した。トランスフォーメーションは長期にわたるが、BCGでは構造改革全体を長い旅にたとえて、短期的成果を出す取り組み（F社のフェーズ1に当たる）を「旅の資金を調達する」、中長期的な成長や価値向上のための構造改革の取り組みを「中長期的成長を勝ち取る」（F社のフェーズ2〜3に当たる）と呼んでいる。一言で言うと、構造転換で時間を買うとともに資金を調達し、その後は成長にシフトしていくという流れである（詳細を知りたい方は本書の姉妹編である『BCG経営コンセプト　構造改革編』の「第6章トランスフォーメーション」を参照）。
　さまざまなクライアント企業とのプロジェクト開始前の相談の中で、プロジェ

クトの初期段階から成長戦略もいっしょにやりたいという意見が出されることもしばしばある。F社でも経営陣の一部にそういう声もあった。しかし、F社の当時のような状態で「事業のミッション見直し～非中核事業の撤退」と「成長戦略」を並行して進めようとすると、どちらもできない結果になることが多いため、初期段階は前者にフォーカスするようBCGよりご説明し、F社経営陣にご納得いただいた。

F社のプロジェクトで特筆すべきは、初戦の仕掛け方、すなわちプロジェクト開始後最初の100日間に、社長の強いリーダーシップの下、集中的かつ大胆に根本的な施策を打ち出したことである。ふり返ってみると、この100日間の取り組みが、構造改革全体の成否を分けたと言っても過言ではない。

●──最初の100日：市場視点の分析

社長は、プロジェクト開始当初より、3カ月後には構造改革の大きな方向性を定め、コミットメントを社内外に表明したいと考えていた。投資家や従業員の信頼を取り戻すためには、従来とは異なる根本的改革を実施すると早期に宣言することが非常に重要だと感じていたからだ。

そこでBCGでは、市場の視点で大きな方向性を導き出すために、まず3つの調査分析を行なった。①戦略シナリオ・オプションの比較検討、②TSR・iTSR分析、③投資家・アナリストインタビューである。以下、1つひとつ見ていきたい。

①戦略シナリオ・オプションの比較検討

4つの戦略シナリオを想定してシミュレーションを行ない、どんなシナリオの組み合わせであれば、前述の「1年後に株価3000円」という目標の達成が可能かを検討した。4つのシナリオとは、A：事業強靭化（コスト削減／収益性向上）、B：非中核事業の売却、C：事業ポートフォリオ再構築、D：成長、である。それぞれのシナリオについて、目標株価水準から逆算して、売上高成長率、EBITDAマージン、コスト削減額など必要な計数をシミュレーションして出していった。その結果、Dの成長だけに頼るとすると、非現実的な水準の成長が必要であるこ

とがわかり、早期に選択肢から外れた。残ったA～Cを検討していくと、Aは現状の倍以上のコスト削減が求められ、Aだけで目標に到達するのは無理なことがわかった。こうしてBとCの組み合わせが現実的という結論に達した。

②TSR/iTSR分析

BCGのチームメンバーとBCGバリュー・サイエンス・センターのエキスパートが協働して、企業価値創出の指標としてのTSR、および、TSRを内部指標に読みかえたiTSRの分析を行なった。

まず、TSRへの主要ドライバーの貢献度、平たく言えば、何が株価を決める要因となっているかを分析した。TSRの決定要因は、利益成長、マルチプル変化、フリーキャッシュフロー利回りの3つに分解できる。この中でマルチプルは外から見えないブラックボックスと考えられがちだが、前述のようにBCG独自の手法であるスマート・マルチプル分析を使えば、マルチプルの決定要因を分解し、見える化できる。マルチプルの決定要因がわかれば、株価を上げるための具体的な打ち手の検討が可能になる。

F社と主要事業の競合企業の5年間の株価の動きについて分析すると、株価に影響を与える要因として粗利率、販売管理費、資産回転率、純負債などが上位に出てきた。一方、売上成長の影響は実は小さいことがわかった。一般的には売上成長が株価上昇に大きく効く業界が多いが、F社のような製品を扱っている企業の場合は、売上成長は株価形成にあまり寄与せず、マージンや投資に対するリターンの拡大のほうがはるかに大きな影響を及ぼすということだ。

これは、長年、売上拡大を目指してきたF社経営陣にとって、ショックにも近い発見であった。この分析結果を踏まえて、負債や設備投資をここまで削減しなければならないという具体的水準を算出した。これらの分析結果が、後述の断固とした意思決定につながった。

次に、事業ごとのiTSRを分析し、事業別に何が事業価値の源泉となっているかを解明した。その分析結果の代表的なものが図表5-20である。「業界ベンチマーク」とは、各事業と同じ業界の世界の株式公開企業のうち、TSRが上位4分の1に入る企業のTSRの平均である。

iTSRを用いた分析から、事業別に見ても、全社の企業価値の因数分解と同様

図表5-20　iTSR因数分解に基づき事業ポートフォリオを評価

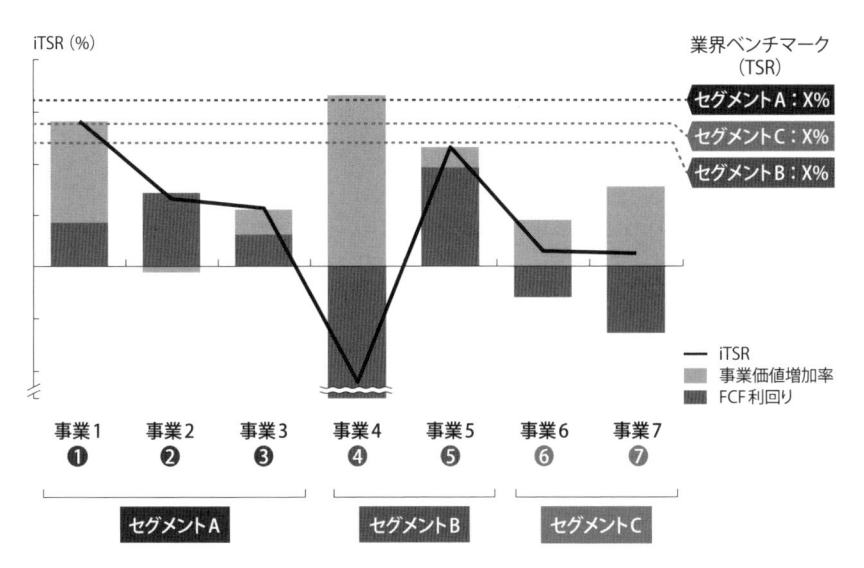

出所：BCGプロジェクト
©2016 The Boston Consulting Group

のことが、事業の特性に応じてより顕著に出ることが浮き彫りになった。まず大きく見ると、事業1、5を除いてどの事業も、業界ベンチマークと比較すると、グローバル水準の価値創造に至っておらず、価値創出に貢献していないということが言える。

以下に、いくつかの事業に対して導き出されたメッセージの例を紹介する。

事業1は、価値創出に貢献しているが、グローバル同業企業に比べると、さらなる価値創出が期待される。特に、マルチプルに効くコスト削減やオペレーション効率化に対する切り込みが甘く、ここにしっかり取り組んでいく必要がある。

事業2は、キャッシュカウ（市場の成長性が低いもののシェアが高いために、あまり投資の必要がなく、キャッシュを生み出す事業）であり、この事業のミッションはキャッシュ創出である。現状では、ある程度キャッシュを創出してはいるが、このミッションに照らして考えると、キャッシュの絶対値が不足している。ポートフォリオ上のミッションを明確に意識して、それに見合うキャッシュを創出できる打ち手が求められる。

事業3は、本来は花形事業として価値創出が求められるはずだが、大きく投資をして価値創出に向かうのか、徹底的な合理化でフリーキャッシュフロー創出に向かうのか、という明確な方針が決められないために、宙ぶらりんな状態になっている。

事業4は、事業価値はプラスだが、キャッシュフローが大幅なマイナスになっている。これは、事業の価値創出に対して投資をしすぎていることを意味する。つまり、売上げや利益の絶対値は上がっているのだが、それを生み出すために相当巨額な投資をしてしまって投資の採算が合わなくなっている。その結果、事業価値を甚だしく毀損している。特に、F社は全社の価値創出の要因としてマージンやフリーキャッシュフローが重要という状況にあるため、これは抜本的な改善が求められるところである。

このようなiTSRを用いた診断結果に別の視点からの検討も加えて、事業ごとのミッション・方向性を再定義し、事業ポートフォリオ再構築への打ち手を検討していった。これについては後で詳しく説明する。

③投資家・アナリストインタビュー

自社の利益成長、将来の期待値、キャッシュの使い方などについて市場の声を聞くため、投資家・アナリストとのインタビューを行なった。前述のように、投資家の見方を理解するためには、特にバイサイドのアナリストやファンドマネジャーの声を聞くことが重要である。このプロジェクトでもバイサイドのアナリストやファンドマネジャーを中心にインタビューを行なった。

このインタビューからは、業績下方修正が度々行なわれてきたことが、F社が認識している以上に、投資家の信頼を損ねる大きな要因になっていることが浮かび上がった。そのほか、②のTSR分析結果を裏づけるようなコメントや示唆に富む見解が多く得られた。

●── 3カ月後の2つのアクション

F社では、これらのBCG分析をもとに、市場からの信任を得るためには何を優先的にやっていくべきかを、経営会議で何度も真剣に議論した。BCGモデル

による分析を通じて株価の決定要因を解明したことが、意思決定のパワフルなツールとなった。

こうした議論を経て、F社はプロジェクト開始3カ月後に、①市場視点での価値ドライバーの明確化、②投資規律を徹底するためのガバナンス改革、という2つの大きな打ち手を実施した。

①市場視点での価値ドライバーの明確化

一連の企業・事業価値分析に基づいた議論を経てF社は、経営全体を見る指標として企業価値のモノサシであるTSRを重視していくことを明確にした。そのうえで3つの方針を決定し、プロジェクト開始3カ月後にコミットメントを対外発表した。

方針のひとつ目は、当面、売上げを目標から外し、キャッシュフローを財務目標の基軸とすることである。売上げを目標から外したことには2つの意味がある。ひとつは、前述のようにF社の主要事業の業界では売上増加が株価に寄与しないことが分析により明らかになったため、代わって株価への影響の大きいドライバーを目標に据えようということである。もうひとつは、従来のように売上げを目標にしていると、本来は成長が難しい領域を、利益を犠牲にして伸ばそうとする動きが出てくる。その結果、表面上、売上げは伸びているように見えるものの、実質的な事業価値は損なわれてしまうというケースが、過去に多く見られた。こうした負のサイクルを廃絶する狙いである。

社長は、キャッシュフローの大幅拡大が喫緊の課題という認識の下、この発表の直後に、社長直轄の「キャッシュフロー拡大」プロジェクトを立ち上げた。支払いサイトの延長、在庫削減、資産売却、知的資産の有効活用など、「クイック・ウイン」（早期に効果が得られる施策）を迅速に実行して、「フリー・キャッシュフローを数千億円規模に増加させる」という目標を半年以内に達成した。

2つ目は、負債の大幅削減と設備投資の3割削減である。BCGモデルによる分析から導き出された、ここまで削減が必要という水準を数値目標に設定した。

3つ目は、非中核事業の撤退・売却である。売上規模が大きい事業であっても、非中核と判断された場合は断固として撤退・売却に踏み切ることにした。プロジェクト開始6カ月後までに各事業のミッションを見直し、非中核と判断され

た事業については1年以内に撤退・売却を完了することとした。事業のミッションの見直しについては、次の「事業ポートフォリオの抜本的見直し」の項で詳しく説明する。

　②投資規律を徹底するためのガバナンス改革
　①の価値ドライバーの明確化により、経営陣の間で、構造改革の方向性や、どの段階で何を集中してやらなければいけないか、といった経営の本質的な議論ができるようになった。しかし、それだけで構造改革がうまく回り出すわけではない。各ビジネスユニットのアカウンタビリティを明確化して、全社に対してそれを執行するための本社の機能をしっかりつくっていく必要がある。
　この改革の前のF社では、約5000人に及ぶ巨大な本社機能のあちこちにさまざまな意思決定機能が分散し、ヒト・モノ・カネに関わる意思決定に何人もの役員が関与していた。これでは、質の高い意思決定を迅速に行なうことは難しいし、投資の規律を徹底させることなど望めない。そこで社長は、本社機能を解体し、100人程度で構成される戦略本部を構築して、この戦略本部に意思決定機能を集中させることにした。社長自ら戦略本部長についた。そして、ヒト・モノ・カネに関わる意思決定を数人の役員に集約することで、社長が直接、本社を掌握できる体制を築いた。

◉──事業ポートフォリオの抜本的見直し

　F社が1年後に目標株価水準を達成し、さらに中長期の企業価値向上を目指すためには、前述のような一連の施策で短期に成果を出しつつ、事業ポートフォリオの抜本的見直しという大きな構造変革を進める必要があった。
　そこで、先ほどのiTSR分析などをベースにBCGのポートフォリオ分析を使って、市場の視点で事業ごとのミッション・方向性を評定し、各事業のiTSR目標を設定した。各事業の評価には、前述の標準的なフレームワークをカスタマイズして、「戦略の健全性」「財務の健全性」「適社性」という3つの視点を用いた。事業別のミッション評価結果の一部を示したものが図表5-21である。図の中の○は両軸とも高く評価できる領域、△は、片方の軸での評価は高いが、もう片方

図表5-21 ポートフォリオ評価に基づき、各BUのミッション・方向性を策定

	ビジネスユニット (BU)	戦略の健全性	財務の健全性	適社性
成長エンジン	・BU-XX	△	○	○
	・BU-XX	○	△	×
	・BU-XX	△	○	○
キャッシュフロー貢献	・BU-XX	△	△	○
	・BU-XX	△	△	×
	・BU-XX	△	△	△
	・BU-XX	△	△	○
ターンアラウンド	・BU-XX	○	×	○
	・BU-XX	△	×	○
	・BU-XX	○	×	△
	・BU-XX	○	×	△
売却	・BU-XX	×	△	×
	・BU-XX	×	×	×
	・BU-XX	×	×	△
	・BU-XX	×	×	×
	・BU-XX	×	×	×

出所：BCGプロジェクト
©2016 The Boston Consulting Group

の軸の評価が低い領域、×は両軸とも評価が低い領域を示している（実際には緑・黄・赤色の円を用いるが、ここではそれぞれ○・△・×を用いている）。

　F社経営陣は、このポートフォリオ分析の結果をもとに、各事業のミッションの見直しについて、何度かの経営会議で真剣に議論した。そして、各事業の性質を見極め、ポートフォリオミッションを「成長エンジン」「キャッシュフロー貢献」「ターンアラウンド」「売却」の4つに分類した。

　「キャッシュカウ」となっている事業であっても、成長性と全社戦略とのシナジーを厳密に検討したうえで、最終的に非中核と判断した事業もあった。また、赤字を続け今後の成長が見込めない事業については撤退の意思決定をした。一般にはこうした断固とした意思決定をすること自体が相当難しいが、せっかく意思決定をしても迅速に実行できないケースも少なくない。F社でも過去に何度か試みてはいたが、ここまで厳しい決断と実行はできずにいた。しかし、実行できなければ結果は出せない。今度こそ徹底的に実行するという社長のリーダーシップの下、これらの非中核と判断された事業は、本社主導で半年～1年で撤退・売

却を完了した。

存続する事業については、ミッションに応じて戦略的方向性を定めるとともに、ビジネスユニットのくくり方も見直しをした。結果としてビジネスユニットの数は、改革前の約4分の3になった。そして、事業ごとにiTSR目標、投資配分、モニタリング方針を設定した。ビジネスユニットごとに、iTSR目標を要因別に分解して、必要な施策や実行可能性を戦略本部と各ビジネスユニットとの間で議論した。それをもとにKPIとアクション・リストに落とし込んだ。

さらに、IR関連の体制も変更した。これまでは社長とCFOが担当していたのを、事業責任者の役員も参画するようにしたのである。これによって、事業責任者が市場の声を聞き、事業ごとの価値ドライバーの理解に基づいた戦略に対する市場の反応を直接感じることにつながった。

●───成長へのシフト

F社は、当初の計画通り、非中核事業からの撤退、各事業のミッションの見直し、ガバナンス体制の再構築を1年間でやり遂げた。キャッシュフローも健全化した。

2年目（フェーズ2）からは成長エンジンの加速化に向けた打ち手に重点的に取り組んでいった。前述のポートフォリオ分析をもとにした経営会議での議論の結果、成長エンジンを加速化するために2つの課題に重点的に取り組むという方針が決められた。

ひとつは、コモディティ市場から高付加価値の部品やソリューション事業へのシフト、もうひとつは、新興国市場の中でもフォーカスする地域を明確化し、経営の現地化を一気に進めることである。新興国市場については、戦略地域に地域本社を設置した。そして、新興国市場に関わる全権限をトップクラスの役員に委譲し、彼を最注力市場の地域本社に派遣した。

2年目に入る際に、ここからはギアを入れ替えて成長を追求するフェーズに移るため、売上目標を復活させた。また、成長領域のスピーディーな育成のため、M&Aなどの大胆な施策も検討・実行した。もちろん戦略、企業価値の両面で厳格に評価・検討したうえで意思決定をし、定期的な評価・見直しも義務づけた。

フェーズ1で投資規律を徹底できるようガバナンス体制を再構築したため、こうした評価、意思決定、事後の見直しもタイムリーかつ効果的に行なえるようになった。

さらに、3年目以降は、重点事業の成長加速化を推進するとともに、進捗に応じて、分社化など大胆な組織改編も検討していく計画である。

BCGからのメッセージ

　株主とどのように接したらいいか。IR活動で投資家との対話は一生懸命やっているが、どうも株主の反応が読めなくて困る。そもそも、株主をどの程度意識すべきなのだろうか。これらは、日本の上場企業の経営者の方々との会話の中で、我々コンサルタントがよく受ける質問である。

　そもそも日本の経営者の中で「株主主権」の考え方に拒否反応を示す方々は少なくない。しかし、誰が主権かという思想的な立ち位置とは別に、「株主価値」の創造を規律とする経営は今日的には必須である。本章で述べられたアプローチは、統合的な価値創造の指標を活用しながら、株主のみならず、従業員、取引先等を含めた広範なステークホルダーに対しても、価値を還元する仕組みを提供する。

　経営者は、株主の行動原理を熟知し、その存在を踏まえた効果的なコミュニケーションを怠ることなく、規律をもって自社の経営を研ぎ澄ますことに注力すべきである。

BCGパートナー　佐々木 靖

第6章
CEOアジェンダ
──変革力と実行力のリーダーシップを示す

CEOのミッションとは何か。それは「ゴーイング・コンサーン」、つまり長期的持続的な成長を実現していくことではないか。これは、企業の存在意義とCEOのミッションを、株主へ短期的なリターンを返すことのみに置き、それが果たせなくなれば企業を清算すればよい、ということを前提とした経営とは相容れない考え方である。

　長期的持続的な成長により、株主だけでなくさまざまなステークホルダーに対する責任を果たし、社会に貢献することで、社会的な価値を維持し続ける。自社をこうした存在にするためには、組織としての存続の目的を明確化し、向かうべきベクトルを設定すること、そしてそれをどう実現していくかを示すことが不可欠である。CEOアジェンダとは、CEOとして果たすことを約束したミッションであり、社員全員を導いていく旗印、海図である。

　ディスラプティブ（破壊的）な環境変化が起きる不確実な世の中において、成長を実現し続けるのは大変なことだ。しかも、CEOには「想定外であった」という言い訳は許されない。こうした不確実な環境下で、変化に対応し続け、成長をどう実現していくか。CEOアジェンダは自らが起こすべき変革の方向性を示す道標であるとともに、それを実現するためのチャレンジを示唆するもの。つまり、トップとしての変革力と実行力のリーダーシップを示すものである。

　従来は、市場や競合を分析し、技術進化や自社の強み、組織能力を評価して課題を抽出、そして解決すべき方向性を中長期プランとして固めたうえでCEOアジェンダを設定する、というケースが多かったと思われる。しかし、変化が激しく不確実な現在、そして将来の環境においては、変化や課題を分析し、それらを織り込んで作成されたプランに沿ってアジェンダを設定することは困難である。

　では、CEOアジェンダの作成・運用にはどういう視点が必要とされるのであろうか。BCGのパートナーの議論から、次の5つのポイントが浮かび上がった。

　①CEOアジェンダは逆算でつくる
　②破壊と創造による非連続的進化が基本メッセージ
　③リスクを評価したうえでリスクテイクする
　④現在から将来への非連続的進化をつなぐシナリオ
　⑤破壊するもの、創造するものは、その変化が自らの見えるところに置いておく

以下に5つの視点をそれぞれ解説していきたい。

CEOアジェンダは逆算でつくる

　CEOアジェンダとは何か。まず言えることは、CEOの就任演説で使う内容ではないということである。CEOを退任するときに自分が何を残したいか、残したか、をイメージして先に書くものがCEOアジェンダであると考える。つまり、退任演説から逆算してつくるものがCEOアジェンダである。逆算して考えると、CEOとしてこれをやり切った、これを後世に残した、と自信をもって言えるものはそう簡単には描けない、ということが理解できるはずである。あるいは、社史に名を残す、歴史に名を残す、というのはそう簡単なことではないということが見えてくる。退任のあいさつをイメージし、そこから逆算して自分がこれからコミットするアジェンダを考えていく、というのはトップのみに許されることである。なぜならば、退任のあいさつは組織のトップにしか許されないものだからである。

　この環境変化の激しい時代にあっては、CEOに就任して前任踏襲を宣言したら、失望を買い、見限られるのは必至である。過去の社長が何を残してきたか、何を残せなかったかを明晰に見極め、過去の延長線上とは違う何を自身は残すのか、を明確にすることがきわめて重要である。

　次に、ステークホルダーが信頼して任せてくれる状態をつくるためには、まず組織の温度感や現在の能力を見極め、さらには競合に何が勝り、何が劣るのか、を見極めること。そして、ディスラプティブな環境変化を起こしうるテクノロジーの進化が自社に何をもたらすのかを思索し、目指す姿とのギャップ、チャレンジの大きさを理解し、それをどう乗り越えるのかを示すべきである。

　CEOアジェンダを単なる長期ビジョンや中期計画の策定よろしく、経営企画に任せるようではCEO失格である。部下に対して、どういう材料がほしいか、自分自身の考えを補強するうえで何が必要かを示し、それを提示してもらうことはあっても、あくまで自分の意思をコミットメントとともに示したものでなけれ

ば、CEOアジェンダとは言えない。

　CEOアジェンダは、目の前の課題を整理したリストではない。単なる論点リストやToDoリストにとどまっていては、CEOアジェンダとは言えないのである。かといって、ポピュリズムのように大衆の期待だけを煽るのでは、自身が責任をもってコミットできるものにならない。やること、やらないことを明確にすることも重要である。

破壊と創造による非連続的進化が基本メッセージ

　環境の変化が激しい時代には、変化適応力が重要になる。周囲の変化が激しいので、自らも変わらなければならない。変化適応力と言うと当たり前のように聞こえるかもしれないが、これは破壊から始めないと変化適応できないということである。過去を否定し、過去の成功体験を壊さなくてはならない。

　シュリンク・トゥ・グロー（成長のための縮小）なのであって、縮小を恐れず破壊を主導することから変化適応は始まると考えるべきである。CEOアジェンダとしての成長戦略を語るときに、つけ足すようなことしか言わないようではうまくいかない。日本企業は破壊の視点が足りないところが多い。

　一方で、変化が激しく不確実性が高い環境で新たなものを創造するには、未知の世界で起こりうることを洞察し、議論して固めていく必要がある。経営層、そして組織全体が未知の中で事業を変革していく、あるいは新領域を築いていく、すなわち、未知の中で構造改革を推進していくということに慣れるための機会や環境を準備することが重要になる。

　不確実性下での戦略の組み立て方、コミットメントのしかた、適切なKPI、イノベーションを主導できる人材の育成・活用のしかた、株主へのコミュニケーションのあり方、それら全体を主導する経営層の役割や資質、目指すべき姿……などが、すべてつながっていくことがCEOアジェンダの根幹となる。

　「破壊」をどうアジェンダとして設定し、それと並行して「創造」をどう主導していくか。破壊と創造を実現するために、正しい戦略をつくることだけではな

く、あるいはそれ以上に、市場環境の変化に合わせて、俊敏かつ柔軟に変化適応を推進していける組織にどうやって変えていくか。また、そうした不安定な環境、成功と失敗が入り混じる長い道のりに耐えられる体質とともに、今までの延長線上にない未知なる変化をマネジメントできる組織能力をどう獲得していけるか。CEOアジェンダは、そうしたことの方向性を示すものである必要がある。

リスクを評価したうえでリスクテイクする

　どれだけ優れたCEOであれ、リスクをとることは恐ろしいものである。しかし、リスクアセスメントがうまい人ほど大きなリスクをとることが可能である。破壊と創造をベースにした大きな方向性を指し示すCEOアジェンダには、それに付随するリスクが冷徹に評価され、それに対する経営者の考え方が合わせて織り込まれている必要がある。

　長い伝統をもつ経営思想とは異なる方向に軸足を移すといった大きな決断は、ここまで振っても会社は潰れないという信念をもてるまで、徹底的にリスクを見積もってこそできるものではないだろうか。逆説的だが、実現しようとしている未来に対して、「ここまで突っ込んでうまくいかなくても、被る被害は最大限に見積もってもこれくらい」、あるいは、「このタイミングで見直せば最悪を防ぐマネジメントは可能である」という見切りがないと、破壊と創造のCEOアジェンダはつくれない。

　また、ターンアラウンドを行なう場合は、改革プランを作成する際にリスクアセスメントを徹底して行ない、リスクがあってもここまではいける、という確信をもって改革を進めることがきわめて重要である。

　カルロス・ゴーンによる日産の改革では、不採算資産の整理・売却や大規模なコスト削減により生み出せるキャッシュを見極め、外に対して短期間で確実に達成できるラインをコミットした。その約束を超過達成できたことで、その後の成長に向けてのアジェンダの設定・推進を社内外の信任を受けて進められた。

　インドの財閥系企業の経営者は、瞬時の判断で数千億円規模の投資リスクを

とると言う。こういう競合企業と戦っていく中で、どういうリスクがあるかというアセスメントと、どこまでのリスクなら負えるのかという評価を、事前に十分吟味しておくことが必要である。

　最近は、内部的なリスクに加えて、自社でマネジメントできない外部的な大きなリスクも待ち構えている。リーマン・ショックや金融緩和・引き締め、あるいは資源価格の暴落・高騰といったボラティリティリスクや、激甚な自然災害の頻発、地政学リスクやテロのリスクといった、今まで以上に経営への影響が大きな新たなリスクファクター。さらにはデジタルテクノロジーに代表される技術革新がもたらすリスクなど。自社への影響を評価すべきリスクも幅広くなっている。リスクは評価してから背負うのが基本である。自社にとって大きなリスクファクターが何かを見極め、それらを評価したうえで、大きなリスクテイクができるCEOアジェンダに仕立てていくことが重要である。

現在から将来への非連続的進化をつなぐシナリオ

　CEOとしての自身の任期をまずは想定して、その時間軸の中で、何を実現するのかを設定したならば、次に考えることは、そのステップとして「いつまでに」「どこまでやるか」である。ステークホルダーがいつまでは待ってくれるか、その時点で何が成果として見えていれば及第点なのか。

　たとえば、従業員の観点では、最初の波としてどこまでの変化が見えたときに、社員は「このCEOは本気だ」と感じ、「この波に乗り遅れると大変なことになるぞ」と思えるのか。株主の観点で言えば、「この会社の変革に賭けてみたほうが得をしそうだ」「このCEOを信じて長期保有しよう、新たに投資してみよう」と思わせられるか。あるいは、どの時点で何を見せることができれば、取引先も本気にならねばと真に思うか。さらには、今まで取引のなかったいろいろな企業から、アライアンスや事業の買収・被買収などの申し入れがくるようになるか。

　特に非連続な成長戦略を実現していくうえでは、まず何で成果を見せるか、の設定が必要である。少なくとも半年から1年ごとに、ステークホルダーにとって

目に見える変化、成果をどう約束して見せていくかが重要である。また、達成を約束したシナリオのステップ・時間軸がずれてしまえば、たとえ正しいことをやっていたとしても信頼は得られないし、結果、求心力も生まれない。

方向性の軌道修正も含めて許してもらえる期間は、最初の1年と考えたほうがよい。外部環境の変化のスピードについていけず、速やかな軌道修正もできない、約束したステップごとの成果も示せないということになれば、後はレームダックとなって残りの任期を守りに徹して株主還元し続けるか、ステークホルダーからダメ出しされて去ることになる。そのハードルはここ数年で非常に上がっている。スピード感がきわめて大事になっている。

GEの事業部長は、3年で結果を出すというトレーニングを、実践を通じて受けているという。事業部長の頃から、そういう感覚をもっていることが必要になる。突然おみこしに乗せられても、急にシナリオの組み立てや、スピードある実行ができるようになるわけではない。

非連続的進化を実現するシナリオをつくるうえで重要なことは、予定調和の中期経営計画をつくることではない。むしろ重要なのは投資のプランである。どれだけの投資枠をもって、どこに投資していくか、その投資のリターンはどのように見込むのか、そして投資できるための原資をどう生み出すのか、のシナリオである。つまり、資金と資本を軸に戦略をつくることの重要性が、破壊と創造のCEOアジェンダにおいてはきわめて重要である。電機業界などで起こったことを見れば、資金と資本をどう戦略と結びつけ、投資のシナリオをつくっていくか、の重要性はよくおわかりいただけると思う。もはや投資したもののリターンが必ず返ってくる、という前提でシナリオを描く時代ではない。

破壊するもの、創造するものは、その変化が自らの見えるところに置いておく

破壊は大きなリスクと決断をともなう。創造は未知の出来事の連続。経営者の常日頃の注視と、先読みしたリスクとチャンスの見立て、そして即時の判断が求められる。任せられる人材は所詮人数が限られるし、任せたとしても大きな決

断、迅速な意思決定ができるのはトップのみである。そのためCEOは、破壊するものと創造するものを、その変化が自分の目に見えるところ、変化を常に感じられるところに置いておくことが重要である。

　特に、新しいところ（＝過去を否定するところか、自社にとって未知の世界）は、リーダー自らが指揮していかないとなかなかうまくいかない。なぜならば、そこだけは評価基準が異なるからである。月々の売上げや収益管理とはまったく異なる基準、見立てで進めていくことが求められる。新規創造であり、今までに経験のないチャレンジである領域は、その性格上、治外法権にする必要がある。治外法権にするということは、大権をもっている人間が直接管轄しない限り、ただの無秩序になってしまう。会社を本気で変えるアジェンダを設定するならば、トップ自らがハンズオンでやるしかない。

　新しいものをつくるのは論理ではない。緻密に分析をして論理を組み立てれば出てくるというものではない。リーダーの熱で動かしていくものである。したがって、近くに置いておかないと、リーダーの熱を感覚、感情として伝えることはできない。

　一方で、熱だけで大きな破壊や未知の領域の創造をやろうと突き進んで、会社が瓦解してしまったら、元も子もない。どこまでリスクや損益への影響をも読み切って進めるか、それを主導できるのはトップしかいない。

　CEOアジェンダとして、どこを目指すのか。何がチャレンジであり、どこをどう非連続に進化させるのか。それを乗り越えるためのポイントは何で、乗り越えるために何に着手するのか。こうした旗印が設定されたならば、どういう経営チームを組成していくかが大きなポイントとなる。リーダーが掲げる旗印にコミットし、自らオーナーシップをもって動けるチーム、そして、トップにものが言える関係性がもてるチームである。一方で、CEOとして、その同じ船に乗るチームの意見を先入観なく聞く耳をもつことと、チームを信頼して任せる胆力が不可欠であることは言うまでもない。

解　説

　経営を取り巻く環境の変化がますます加速化するとともに、いくつもの変化が重なり合い複雑性を増大させている。
　こうした環境の中で企業における中核的な経営テーマもかつてとは大きく変わりつつある——国内での競争からグローバル競争へ、既存事業のオペレーションの磨き込みから新領域の創造へ、デジタル・テクノロジーの進化がもたらす脅威とチャンスへの備え、それを実現するリーン（筋肉質）かつアジャイル（機敏）な組織への変革、事業ポートフォリオの見直し、そして不確実性、複雑性下の環境に適応できる組織能力の構築。
　従来とは異なる新たな勝ちパターンの創造に向けたイノベーションの実現、そして、その前提としての企業構造のドラスチックな転換へ、経営陣は非連続な変化に向けて大きく舵を切る必要がある。さらに、終わることがないめまぐるしい変化に適応し続けることが求められている。

　こうした大きな変化を踏まえ、今日のビジネス環境の文脈に合った、未来につながる経営テーマについて整理することで、これまでお世話になってきた日本の社会、企業に多少なりとも恩返しができないか。そのような思いから、BCGジャパンが50周年を迎える2016年、本シリーズ２冊を発刊することを思い立った。この間、BCGのサービスもさまざまな変化を遂げてきた。最近BCGがお手伝いさせていただく中心的テーマや、コンサルタントとしての付加価値のつけ方の変化は、お話しさせていただく機会がある企業経営者やBCGの卒業生から、驚きをもって受けとめられることも多い。企業が抱える経営課題、テーマの変化の中で、BCG自身がどういったテーマ、領域で貢献できる集団に進化しつつあるのかも併せてお伝えできれば、という思いもあった。
　しかし、書籍としてまとめ上げるには、経営の現場で日々進化している考え方やアプローチを、客観的視点で整理し、ある程度広く適用できる共通のポイン

トを抽出して解説する必要がある。そこで、BCG出身で現在は早稲田大学ビジネススクールの教授を務めていらっしゃる内田和成先生、菅野寛先生にご相談したところ、快くお引き受けいただいた。

本シリーズは、企業の非連続な成長を実現するための経営手法をまとめた「市場創造（イノベーション）編」とそれを実現する組織体に変革していくための手法をまとめた「構造改革（イネーブルメント）編」の2冊で構成されている。「市場創造（イノベーション）編」を内田先生に、「構造改革（イネーブルメント）編」を菅野先生にまとめていただいた。

以下、本書「市場創造（イノベーション）編」の各章のコンセプトについて簡単に紹介していきたい。

第1章のグローバル・アドバンテージは、将来的に飛躍的な成長が期待される新興国市場においてアドバンテージ（競争優位性）を確立していくための手法について解説したものである。必ずしも安定的な成長が期待できない浮き沈みの激しい市場であり、政治的なリスクもある。その一方で、高成長の波に乗り遅れたり、消費者のワンランク上の消費志向や流通の近代化による変化に一歩遅れたりすると、一気にシェアを失い負け組となっていく市場でもある。また、競争という側面においても、日本国内における国内プレイヤー同志の競争や、せいぜい欧米グローバル企業との競争とは異質の競争環境が待っている。国ごとに現地に根を張り現地市場を知り尽くした有力企業であるローカル・ダイナモや、新興国で生まれグローバル市場で飛躍するグローバル・チャレンジャーとの戦いに勝てる優位性を築く必要がある。そうした難しい市場で勝ち抜くための要諦を紹介している。

第2章のデジタル・ディスラプションでは、シンギュラリティーに向けて今後さらなる進化が起きるデジタル・テクノロジーを、どう経営に活かし企業を変革していくか、その切り口のいくつかを解説している。そのひとつ目は、大きな有形無形の資産をもつ大企業がその優位性を活用して、ベンチャー企業のように、同時にベンチャー企業では成し得ない形で、デジタル・テクノロジーで新事業を

開発していくにはどうしたらよいか。2つ目は、どうデジタル・テクノロジーを活用して既存事業のトランスフォーメーションを起こし、抜本的なコスト構造の変革と顧客への付加価値向上、さらには周辺の新たなサービスの創造を実現していくか。3つ目は、デジタルの潜在的可能性をフルに発揮させて、カスタマイズしたマーケティングやCRMで顧客獲得やロイヤルティ向上を促進し、マーケティングROIを最大化するにはどうしたらよいか、である。

　第3章のビジネスモデル・イノベーションは、成熟した事業あるいは市場そのものを再度、長期的持続的に成長可能な事業として生まれ変わらせるための手法を解説したものである。具体的には、自社の事業の市場における価値を再定義し、それに合わせて自社の今までのビジネスモデル自体を抜本的に組み替えることにより、新市場への転換を実現する手法である。この手法のポイントは、単なるプロダクトのイノベーションではなく、業界全体のバリューチェーンの付加価値構造の組み換えを試みることにより、産業構造そのものを変えるようなイノベーションを実現することである。たとえば、自社が取りこんでいない隣接領域を取り込む、新たなバリューチェーン構造において付加価値の高いレイヤーに特化し、他のバリューチェーンは切り離す、といった具合である。

　第4章のシナリオプランニングは、将来予測が難しい不確実性、複雑性が増大する環境下で、変化適応力を高め、不確実な未来に備えるために有効なツールを解説したものである。シナリオプランニングそのものによってあるべき戦略が描き出されるわけではない。しかし、経営に大きなインパクトを与え得る想定外のブラインドスポットを抽出し、それによってもたらされるリスク、あるいはチャンスの大きさを経営として押さえることは、不確実な事業環境下では不可欠となりつつある。また、そのシナリオが現れるときの条件やそれが見えるタイミングを理解すること、さらには、それらのシナリオが現れた世界における社会、生活者、産業構造などの未来像をイメージし、自社にとっての示唆や備えのあり方を経営層で共有することは、長期ビジョンを描く上で重要である。シナリオプランニングは経営層にとってのブラインドスポットを抽出し、一見ありえないと思える未来をイメージできる世界に仕立て上げていくうえで有効な手法である。

第5章のTSR（トータル・シェアホルダー・リターン）は、株主視点で企業が成すべき変革の要素を抽出し、事業戦略、財務戦略、投資家戦略を連携させ、三位一体で統合的な価値創出プランを描くためのアプローチである。短期的なリターンを求める株主にとっての収益リターンは、必ずしも長期的かつ持続的な企業価値向上を考える経営と一致しない面があるが、長期の時間軸で見た株主にとっての最終利回りを示すTSRは、企業価値を向上させる経営ができているかどうかを測る通信簿となりうる。そして、長期的視点で高水準の企業価値創出を実現できている要因と、逆にできていない要因を、TSRと紐づけて評価できるならば、経営にとっての重要な示唆となりうる。さらに、それを個別の事業ユニットごとに切り分けて、シミュレーション分析することで、事業ごとの価値向上戦略や事業ポートフォリオの再構築に活用できるようになる。

　第6章のCEOアジェンダは、企業として非連続な進化、そしてアジャイルな環境適合力が求められる今日、さらにその必要性が増していく今後におけるCEOアジェンダのあり方を考える上での視点を提示したものである。いまだ前任CEOの敷いたレールを前提とした変革へのスタンス、経営アジェンダのセットに留まっている企業も多いように見受けられる。しかし、これだけ変化が激しさを増し、破壊的な脅威とチャンスが現実のものとなりつつある現代においては、経営アジェンダそのもののあり方、そしてそのつくり方も大きく進化させていくことが必要である。過去の路線を踏襲した積み上げ的なアジェンダの設定、一直線の将来の見立てに対する予定調和的な中長期プランは、一見安定感があるように見えても、実は企業の持続的な存続を危うくするリスクを高める。

　本シリーズの作成にあたっては、企業が抱えうる今日的な経営テーマの単位を意識し、執筆者である内田先生、菅野先生と相談し、このような構成に落ち着いた。今日あるいは今後の重要なテーマの一覧リストともいえるものであり、全体像にざっと目を通していただくだけでも価値があると思う。一方で、企業それぞれに今抱える悩みの領域や喫緊のテーマは異なることと思われる。企業あるいは個人にとって、それぞれに興味のある章を拾い出してお読みいただき、参考にしていただくといった辞書的な使い方もできるだろう。また、今後直面するであろ

う経営テーマの進め方を先取りして理解するという意味で、あるいは逆に、かつて経験してきたテーマに対するアプローチを社内で形式知化する参考にしたい、という目的においてもお役立ていただければありがたい。

　いつもお使いの机の上、あるいは書棚のすぐに目につくところに納めていただき、必要な時にいつでも取り出して、繰り返し眺めていただける本になることを願っている。

ボストン コンサルティング グループ

日本代表　　杉田浩章

謝　辞

　本書執筆の構想を得てから、実際に本として仕上がるまでに2年の月日が経ってしまった。これはひとえに私の怠慢であるが、一方で執筆に当たって1章ごとに複数のボストン コンサルティング グループ（BCG）のパートナーのみなさんから詳細なインプットをいただいたことも大きい。そのスケジュール調整に手間取ったことと、インタビューやディスカッションを整理するのにも思った以上に時間がかかってしまったことも大きな理由である。

　実際の執筆に当たっては、まずBCGの最近の経営手法を理解し、本書で取り上げるテーマを選定するところから始めた。そして、決めたテーマごとに、その分野のエキスパートであるパートナーに丹念なヒアリングを何度も行なった。

　ここに、ご協力いただいたBCGのパートナーたちの名前を挙げて感謝の意を表したい。シニア・パートナーの井上潤吾さん、木村亮示さん、東海林一さん、水越豊さん、御立尚資さん、森健太郎さん、太田直樹さん（当時、現在は総務省大臣補佐官）、パートナーの岩上順一さん、木山聡さん、佐々木靖さん、高部陽平さん、森田章さん、BCGデジタルベンチャーズ パートナーの平井陽一朗さんらと何度もディスカッションし、経営の最前線での経験に基づく知見を提供していただいた。とりわけ現BCG日本代表の杉田浩章さんには、本書の構成段階からたびたび議論につき合ってもらい、多大な貢献をいただいたので特に感謝している。

　加えて、本書で取り上げた経営手法は、BCGの顧客企業への支援を通じて培われ磨き上げられてきたものであり、BCGの顧客の方々にも感謝申し上げたい。

　構造改革（イネーブルメント）編を執筆したBCGアルムナイで早稲田大学ビジネススクール教授の菅野寛さんとも何度か意見交換を行い、建設的なアドバイスをいただいた。BCGのエディター満喜とも子さんには、資料集め、原稿のチェック・推敲、進捗管理などさまざまな協力をしていただいた。ライターの田中順子さんにもたいへんお世話になった。東洋経済新報社の黒坂浩一さんには

本書の企画から完成に至るまで辛抱強くご支援いただいた。この場を借りてお礼を申し上げたい。とは言いながら、本書の内容についての責はすべて私にあることは言うまでもない。

　読者の皆さんが本書を通じて、最新の経営手法やBCGの仕事に興味をもっていただくことを願って、筆をおくこととする。

内田和成

【著者紹介】
内田和成（うちだ　かずなり）
早稲田大学ビジネススクール教授。東京大学工学部卒業。慶應義塾大学経営学修士（MBA）。日本航空を経て1985年ボストン コンサルティング グループ（BCG）入社。2000年6月から2004年12月までBCG日本代表、2009年12月までシニア・アドバイザーを務める。ハイテク、情報通信サービス、自動車業界を中心に、戦略などの策定・実行を支援するプロジェクトを数多く経験。2006年には「世界で最も有力なコンサルタントのトップ25人」（米コンサルティング・マガジン）に選出された。2006年より早稲田大学大学院経営管理研究科（早稲田ビジネススクール）。ビジネススクールで競争戦略やリーダーシップ論を教えるほか、エグゼクティブ・プログラムでの講義や企業のリーダーシップ・トレーニングも行なう。また、キユーピー、ライオン、三井倉庫などの社外取締役も務める。著書に『デコンストラクション経営革命』（日本能率協会マネジメントセンター）、『仮説思考』『論点思考』（東洋経済新報社）、『異業種競争戦略』（日本経済新聞出版社）、『ゲーム・チェンジャーの競争戦略』（編著、日本経済新聞出版社）などがある。

【企画・解説】
ボストン コンサルティング グループ（BCG）
世界をリードする経営コンサルティングファームとして、政府・民間企業・非営利団体など、さまざまな業種・マーケットにおいて、カスタムメードのアプローチ、企業・市場に対する深い洞察、クライアントとの緊密な協働により、クライアントが持続的競争優位を築き、組織能力を高め、継続的に優れた業績をあげられるよう支援を行なっている。
1963年、米国ボストンに創設、1966年に世界第2の拠点として東京に、2003年には名古屋に中部・関西オフィスを設立。2016年10月現在、世界48カ国に85拠点を展開している。
http://www.bcg.co.jp/

BCG 経営コンセプト　市場創造編

2016年11月16日発行

著　者――内田和成
企画・解説――ボストン コンサルティング グループ
発行者――山縣裕一郎
発行所――東洋経済新報社
　　　　　〒103-8345　東京都中央区日本橋本石町1-2-1
　　　　　電話＝東洋経済コールセンター　03(5605)7021
　　　　　http://toyokeizai.net/
装　丁…………竹内雄二
ＤＴＰ…………アイランドコレクション
印　刷…………ベクトル印刷
製　本…………ナショナル製本
Printed in Japan　　ISBN 978-4-492-55772-3

本書のコピー、スキャン、デジタル化等の無断複製は、著作権法上の例外である私的利用を除き禁じられています。本書を代行業者等の第三者に依頼してコピー、スキャンやデジタル化することは、たとえ個人や家庭内での利用であっても一切認められておりません。

落丁・乱丁本はお取替えいたします。